Bengt Pflughaupt

Ruth Pfau – Mit den Augen der Liebe

Als Reporter unterwegs mit einer ungewöhnlichen Frau im wilden Pakistan

Mit Fotos von Jörg-Henning Meyer

FREIBURG · BASEL · WIEN

Alle Rechte vorbehalten – Printed in Germany
© Verlag Herder Freiburg im Breisgau 2004
www.herder.de
Fotos: © Jörg-Henning Meyer
Satz: Rudolf Kempf, Emmendingen
Herstellung: fgb · freiburger graphische betriebe 2004
www.fgb.de
ISBN 3-451-28542-8

Inhalt

Vorwort: In eine andere Welt 7

1. Kapitel: Das Gefängnis in der Wüste 11
2. Kapitel: Fluch im Dorf der Fischer 35
3. Kapitel: Die Augenklinik 52
4. Kapitel: Die Liebenden aus dem Lepradorf 59
5. Kapitel: Der lange Atem der Liebe 69
6. Kapitel: Begegnung mit dem blinden Bettler 80
7. Kapitel: Wie erkenne ich Al-Qaida-Kämpfer? 85
8. Kapitel: Gott kennt keine Ausschussware 96
9. Kapitel: Ein Garten Eden in Manghopir 109
10. Kapitel: Das Wunder in der Drogenfarm 134
11. Kapitel: Ein riskantes Leben 153

Nachwort: Bis bald, Mutter Courage! 168

Wegbegleiter erzählen 175
Der Kampf gegen Lepra 186
Der Kampf gegen die Blindheit 188
Pakistan-Karte 190
Biographie 191

Ruth Pfau in den Bergen

Vorwort
In eine andere Welt

Wer kann den Lauf der Welt verändern?

Als ich ein kleiner Junge war, gab es nichts Größeres für mich als den „Herrn der Ringe". Millionen kennen die phantastische Geschichte: Kleine Menschen machen sich auf, die Welt vor gewaltigen Mächten, vor dem Bösen, ewiger Dunkelheit und Krankheit zu retten. Die Kernaussage ist klar – und zeitlos aktuell: Auch der kleinste Mensch kann den Lauf der Welt verändern. Die Faszination dieser Erzählung ist bis heute ungebrochen, und die Verfilmung des Stoffes hat auf der ganzen Welt die Zuschauerrekorde gebrochen. Die kleine Prinzessin prophezeit in diesem Film mit glockenklarer Stimme, dass es gerade die kleinen Personen sein werden, die den Lauf der Welten-Geschichte verändern.

Vor vielen Jahren habe ich begonnen, nach Menschen zu suchen, die ihren Teil dazu beitragen, die Welt zu retten. Hätte ich in Indira Gandhi die richtige gefunden? Oder in Mutter Teresa? Wenn die Mutter Courage aus der Feder von Bert Brecht ein Mensch aus Fleisch und Blut geworden wäre und sich real in die Geschichte eingemischt hätte, wäre sie die gesuchte Veränderin der Zukunft gewesen? Mutter Courage kam meiner Vorstellung von Weltenlauf-Veränderung recht nahe.

Vor einiger Zeit dann haben mir die renommierten Augenärzte Siegfried Priglinger und Karl Rigal aus Linz und Wien abenteuerliche Geschichten über eine tapfere, intelligente und mutige Frau aus Deutschland erzählt, die vor vielen Jahren aufgebrochen ist, um die Welt ein wenig besser zu machen, als Ärztin – und als Ordensschwester: Ruth Pfau. Eine Christin, die in einem islamischen, mehrheitlich sunnitischen Land gleichzeitig gegen Lepra, Blindheit und Tuberkulose antritt und die Lepra – laut WHO – besiegt habe. Klick. Eine Nonne in Pakistan. Das muss doch der Wahnsinn sein. Der tägliche Kampf ums eigene Überleben – und dabei trägt sie, die christliche Ordensschwester aus Europa, die höchsten Insignien des islamischen Staats und hat als offizielle Gesundheitsbeauftragte der Zentralregierung den Status einer Staatssekretärin erhalten. Wie das zusammenkommen sollte, das sollten mir die beiden Ärzte erklären. Aber das Phänomen Pfau ist nur schwer zu erklären.

Unsere Wege kreuzten sich erstmals in Wien. Auch der kleinste Mensch kann den Lauf der Welt verändern. War das die Frau, die das Schicksal der Welt ändern konnte?

Ich habe sie sofort danach gefragt. Sie hat mich angeguckt, als käme ich von einem anderen Stern. Erst als ich von Tolkien erzählt habe, hat sie verstanden und „Atschatschatscha" gesagt. „Atschatschatscha" ist für mich inzwischen zu einem geflügelten Wort geworden. Es steht für ein intensives Gefühl und ist in allen Lebenslagen einsetzbar. So drückt es Trauer ebenso aus wie Freude, Verwunderung oder aber Entzücken.

Ruth und ich haben einander auf Reisen durch Europa häufiger getroffen. Mit Geschichten in den Zeitungen konnten wir ihr in Österreich und Deutschland zusätzliches Gehör verschaffen. Irgendwann entstand schließlich die Idee, ein Buch über diese wunderbare Frau und über ihre Arbeit zu schreiben. Damit begann eines der größten Abenteuer meines Lebens.

Ankunft in Islamabad

„40 Tage in einer anderen Welt" – so war der Arbeitstitel unserer Reise zu Ruth Pfau. Es war eine ganz andere Welt. Der Flug zuerst nach Dubai: grenzenloser Reichtum, ungeahnte Sauberkeit, staubsaugergereinigte Strände. Irgendwo am Ende einer Reihe von Nobelherbergen steht das luxuriöseste und schönste Hotel der Welt mit sieben Sternen, die Nacht ab 1250 Dollar. Und dann einen Tag später, Stunden bevor die Muezzins noch vor Morgengrauen ihren für westliche Ohren unvertrauten Sprechgesang anstimmen –, die Landung in Islamabad. Pakistan nachts um drei, unglaubliches Gedränge am Flughafen. Die Beamten gehen bei der Abfertigung mit der gleichen stoischen Ruhe vor wie überall auf der Welt. Polizisten fegen die Ankunftshalle, gestern war Nationalfeiertag. Die Armut ist nicht zu übersehen; unglaublicher Gestank schlägt uns entgegen, und – oh Wunder – irgendwann nach Stunden des Wartens im Flughafengebäude rollt dann doch unser Gepäck tatsächlich von einem Förderband. Die Nachttemperatur liegt bei 31 Grad.

Draußen warten bereits seit langem geduldig zwei Fahrer von der Station, die Ruth Pfau auch in der pakistanischen Hauptstadt errichtet hat. Auf dem Weg zum Jeep kreuzen ungezählte Bettler unseren Weg. Islamabad bei Nacht. Hier beginnt unser Abenteuer in einer völlig fremden Welt, in der die Frauen zwar unterdrückt werden, aber doch dafür sorgen, dass das Land halbwegs funktioniert. Wir machen uns nach zwei Stunden Schlaf auf in den Norden. So wie sich damals, vor nicht ganz 44 Jahren, eine kleine tapfere Frau aus Deutschland auf einen gefährlichen Weg heraus aus Karachi gemacht hat. Dort hatte sie im Lepra-Ghetto den Kampf gegen den Todfeind der Menschheit, die Lepra, aufgenommen. Jetzt hieß es: dem Feind entgegen, koste es, was es wolle – und wenn es das Leben sei. Nie zögern. Eine Ewigkeit später begeben wir uns mit eben dieser Frau auf eine Reise in ihre ganz persönliche Vergangenheit; aber auch in die Zukunft. Denn die Wege, die wir gehen, sind die von damals – aber diesmal geht es vor allem dem Gegner Blindheit entgegen; der Lepra hat die kleine große Frau inzwischen so gut wie den Garaus gemacht. Für uns beginnt ein 10 000-Kilometer-Tripp hinaus in die sengende Hitze Pakistans. „Na, da kann ich gratulieren!" hatte ein für seinen Zynismus nicht gerade unbekannter Kollege unser Vorhaben kommentiert. Er war auch schon einmal in diesem Land gewesen – für eine Woche. Aber da ich den Kollegen und sehr guten Freund, den Fotografen und Kameramann

Jörg Meyer an meiner Seite wusste, konnte eigentlich nichts passieren.
Passiert ist dann genug. Viel mehr als wir erwartet haben. Einige Geschichten vergessen wir wohl bis ans Ende unserer Tage nicht. Sie vielleicht auch nicht – und wir sind stolz, dass wir Ihnen die Geschichte von zwei Liebenden aus einem Lepra-Dorf erzählen können und von einem Wunder der Natur berichten dürfen. Und vieles andere, was wir nicht für möglich gehalten hätten. Wir haben in unmittelbarer Nachbarschaft von bin Laden gewohnt und, ohne es zu wissen, einige seiner Leute kennen gelernt. Wir sind dort spazieren gegangen, wo der meistgesuchte Mann der Welt einen jüngsten Lebensbeweis abgedreht hat. Wir waren unterwegs in einer Region, in die für eine so lange Zeit kein westlicher Journalist hat vordringen dürfen. Wir haben ein wenig verstanden, warum die Al-Qaida nie zerschlagen werden kann, weil irgendwie fast jeder Pakistani irgendwie auch Al-Qaida ist. Wir haben 40 Tage in einer anderen Welt zugebracht. Einige Zeit davon in Karachi. Ein Moloch. Keiner kennt die Einwohnerzahl. Sind es 12, 14, 16 oder gar 20 Millionen? Wir haben Familien besucht, deren Mitglieder auf engstem Raum nur schlafen können, wenn sich 18 Menschen auf einmal umdrehen. Wir haben an Wochenenden die augenscheinlich größte Pathologie der Welt passiert — und wir haben viel Menschlichkeit und Nächstenliebe kennen gelernt. Vor allem aber haben wir eine unglaubliche Frau ein wenig besser verstehen gelernt. Eine kleine deutsche Frau aus Leipzig, die vor einer Ewigkeit aus einem im Herzen kalt gewordenen Deutschland aufgebrochen ist, um auszuloten, wie weit sie gehen kann, um zu sehen, was man sich in einem Leben an Last alles auf die Schultern laden kann, um zu sehen, was alles möglich ist. Und wir haben erfahren: Alles ist möglich.

1. Kapitel
Das Gefängnis in der Wüste

Die Hitze flirrt über der Wüste. Viel Stock und Stein, wenig Grün. Von weither spielen die Kalaschnikows ihre ganz eigene Melodie des Todes. Kurz und abgehackt. Nordwest-Wind wabert den Klang einiger kurzer Salven herüber zu den Reisenden im Jeep. Die ältere, kleine Frau in unserem Auto nimmt nicht wirklich Notiz von der Gefahr, die möglicherweise schon hinter der großen Düne lauert: „Wir sind in Belutschistan. Da kann uns immer alles passieren", sagt sie. Sie muss es wissen – Ruth Pfau. Seit mehr als 30 Jahren reist die deutsche Ärztin und Nonne in diese Regionen, die für uns etwas Unwirkliches haben.

„Genau weiß ich es nicht, aber in manche Gebiete habe ich sicherlich als erste Europäerin meine Füße gesetzt." Die 75-jährige sagt es mit dieser ihr eigenen Bestimmtheit.

Belutschistan – ein Land mit etwa einer Million Einwohner, ein Land, das allem Anschein nach jenseits unserer Traumwelt liegt. „Dort leben die Menschen mit dem Tod auf du und du, manche meinen sogar, dass der Tod und der Mensch enge Freunde geworden sind", sagt der Fahrer. Er kennt viele der Einheimischen gut. Doch da gibt es auch andere, die Fremden, die im Dunkel der Nacht diese riesigen wasserlosen und gottverlassenen Landstriche passieren.

Die Provinz Belutschistan und angrenzende Gebiete gelten als Transitroute für Drogenschmuggler aus Iran, Afghanistan und Pakistan in Richtung Europa. Sicherheitskräfte haben in dem riesigen Gebiet zwischen Pakistan und dem Iran bisher ohne sichtbaren Erfolg versucht, mächtige Banden zu zerschlagen. Das iranische

Innenministerium informiert: Mindestens 3000 iranische Polizisten und Soldaten sollen von Drogenhändlern getötet worden sein. Natürlich, nach dem 11.9.2001, nach dem Auftritt der apokalyptischen Reiter im Zentrum von Manhattan, befindet sich dieses karge, verlassene – aber doch so wunderschöne – Land unter aufmerksamer (Luft-)Beobachtung.

„Die Al-Qaida ist überall und mit Sicherheit in dieser Region", sagen die Logistiker der Allianz gegen bin Laden. Zu günstig seien die Voraussetzungen hier, am Rande der Welt, wo seit Jahrhunderten das Gesetz der Gesetzlosigkeit gilt. Wo es die Regierungen von Afghanistan, Iran und Pakistan längst aufgegeben haben, Staatsmacht zu demonstrieren. Es gibt keine Post, keine Bank, es gibt keinen Strom, es gibt unglaubliche Armut, unglaubliche medizinische Unterversorgung. Schulbildung kennen die Menschen dieser Region kaum. Drogenhändler und Schmuggler gehen – kaum gehindert – ihren dunklen Geschäften nach. Al-Qaida-Kämpfer können sich hier relativ frei bewegen. Allzeit bereit und hochgerüstet, um sich gegen Fahnder aus ihrem Unterschlupf heraus zur Wehr setzen zu können.

Ruth Pfau zuckt mit den Schultern: „Uns ist klar, dass wir mit Gottes Hilfe manchmal volles Risiko gehen müssen, wenn wir helfen wollen." Sie und ihr Team – sie wollen helfen, alle wie sie da sind. Die Christen, die Moslems, die Schiiten eint das gemeinsame Ziel. Und oft genug ist es ein sehr schmaler Grad, auf dem sie gehen. Wie beim Sport ist es das Wir-Gefühl. Einer für alle, alle für einen. Einsätze unter der sengenden Sonne für die Menschlichkeit schweißen die Mitglieder der Expedition „Festung" zusammen.

Dort wo schemenhaft ein riesiges Gebilde in der Gluthitze am Ende des Horizonts verschwimmt und sich nach jedem Windstoß wieder neu zusammensetzt, dort wollen wir hin. Dieses Gebäude in der hoch gelegenen Wüste, dem wir immer näher kommen, war früher eine uneinnehmbare Festung. Heute ist es ein Sicherheitstrakt, jetzt kommt keiner mehr heraus. Es ist nicht weit weg von Quetta, der Hauptstadt der im übrigen Pakistan als arm und rückständig verlachten Provinz Belutschistan. In Quetta bauen ungezählte Landwirte und Gärtner Obst und Gemüse an. Die Kapitale gilt als Vitamin-Kammer fürs ganze Land, als Gesundheitsgarten der Republik. Die Menschen aber, die wir im Innern dieses massiven Gebäudes am Ende des Horizonts besuchen wollen, haben von diesem Vitamin-Reichtum nichts. Die Kost im Gefängnis stufen selbst die Behörden als karg und wenig vitaminreich ein. Aus dem Munde eines Gefängnisinsassen werden wir hören: „Wer im Gefängnis sitzt, muss wirklich froh sein, wenn er nicht verhungert." In diesem großen Regionalgefängnis sitzen einige Häftlinge, denen Ruth Pfau auf legalem Weg wieder zur Freiheit verhelfen will. Und wieder wird es, wie in ihrem Leben so oft, zu faszinierenden Wegkreuzungen, zu Begegnungen kommen, an deren Ende die Liebe und das Leben und nicht etwa der Tod gewonnen haben werden.

Aufmunternd nickt Ruth Pfau den Mitgliedern ihres Teams zu. Vertraute Freunde, erprobte Wegbegleiter, kompetente Mitstreiter. Wie Schwester Jeannine aus Belgien, eine Nonne, ganz genau so, wie sich kleine Kinder und ihre Großeltern eine Nonne so vorstellen. Hemdsärmelig, mit wehendem Gewand, immer unter Dampf. Seit Jahrzehnten müht sie sich, immer Seite an Seite mit ihrer Ruth Pfau aus Deutschland, die Welt ein klein wenig besser zu machen. Die Frauen wissen, wie die jeweils andere denkt und fühlt. Da gibt es mehr Vertrautheit als Worte untereinander. Auch an diesem Tag, vor dem Eintritt in diesen Glutofen, ist klar: Sie werden alles tun, um Not zu lindern. Dieses Engagement hat nicht nachgelassen, seit Ruth Pfau damals, erst langsam, dann aber immer schneller klar wurde, dass sie das Nachkriegs-Deutschland verlassen wollte. Sie ging, weil ihr die Atmosphäre zu kalt geworden war. Sie hatte erlebt, dass das Wirtschaftswunder die Gier hervorgebracht hatte, sie hatte beobachtet, dass die Menschen nicht an den Nächsten, sondern eher an den nächsten Wagen oder ans erste Fernsehgerät dachten. Das war nicht ihre Sehnsucht, das waren nicht ihre Ziele. „Nein, wir waren auf keinem guten Weg", sagt Ruth Pfau heute, die ihre Heimatstadt Leipzig verließ, um in Heidelberg und Marburg zu studieren, weil sie Menschen helfen, und sich dann sicher werden wollte über einen möglichen Weg als Ordensschwester. Als sie dann in die „Dritte Welt" ging, da begann sie auszuprobieren, wie weit sie in ihrem Leben mit Gott überhaupt gehen kann.

In Pakistan ist sie in den vergangenen gut 44 Jahren sehr weit gekommen. „Ich weiß, dass man so weit gehen kann, wenn man will. Aber wie weit ist so weit wie man will?" Diese Frage kann sie auch mit ihren 75 Jahren (noch) nicht beantworten. Hier und heute ist sie weiter gekommen, als ein Großteil der Menschen aus ihrer Heimat je kommen wird.

Wie ein großer Backofen

Von weither hören wir wieder Salven aus Kalaschnikows, und das schemenhaft in der Hitze flirrende Gebäude nimmt immer mehr Formen an, je mehr wir uns nähern. Ruth Pfau dirigiert den Fahrer unseres Jeeps vor den Haupteingang eines scheinbar überdimensionierten Backofens. Mit dem leichten Wind kommen nun nicht nur die Geräusche der automatischen Gewehre, aus den Mauern zischt uns geradezu eine brutale Hitze entgegen. Einige Teilnehmer dieser Expedition Menschlichkeit erschrecken – vor allem, weil sie wissen, dass viele Gefangene im Kern des Glutofens bis an ihr Lebensende sitzen. „Und im Winter herrschen hier manchmal arktische Kältegrade", sagt Ruth Pfau. Die dicken Mauern halten nicht nur die Gefangenen fest, sie lassen auch Hitze und Frost nicht entweichen.

Ganz langsam öffnet sich quietschend das massive Gefängnistor.

Hinter den hohen Mauern, irgendwo in den kleinen überfüllten Zellen, sitzen fünf Freunde. Ihr Verbrechen: Sie sollen geliebt haben. Oder ganz einfach Liebende unterstützt haben. Der Anti-Terror-Court hat die Liebesgeschichte juristisch erst einmal mit „lebenslänglich" und weiteren drakonischen Haftstrafen beendet. „Für mich", sagt Ruth Pfau mit verbalem Nachdruck, „ist diese Affäre wirklich, wirklich, wirklich exemplarisch." Und die Geschichte, die sie uns schon vor der Einfahrt ins Gefängnis erzählt hat, ist die

Geschichte eines muslimischen Mädchens und ihres christlichen Freundes. Eine Geschichte, die überall zu jeder Zeit und in allen Teilen dieses Landes spielen könnte – und vermutlich auch immer ähnlich ausgehen würde –, wenn es eben nicht auch die wenigen Menschenrechtsaktivisten im Lande geben würde. Eine Person, die Gerechtigkeit will, das ist Ruth Pfau. Ihre Erzählung über die Inhaftierten, die wir besuchen wollen, beginnt so. „Es war einmal eine Schülerin, die gehörte zu einem Gebirgsstamm mit traditionellen Sitten, die hatte sich in der Bildungsstätte in einen jungen Mann verliebt. Leider war es eine verbotene Liebe. Muslimische Mädchen und eine eheliche Verbindung mit einem Mann, der nicht dem Stamm angehört, und noch dazu Christ ist. Zwar garantiert die islamische Verfassung von Pakistan die Freiheit in der Wahl der Partner, Stammesgesetze aber kennen diese Toleranz nicht. Als die Eltern des Mädchens von der verbotene Liebe erfuhren, stand das Schicksal der Liebenden fest. Die Ermittlungsarbeit der Polizei endete so schnell wie sie begonnen hatte. Ehe sich die Liebenden versahen, saßen sie im Gefängnis, in getrennten Zellen. Aber nicht nur sie, sondern auch einige Freunde wurden eingekerkert. Wegen Beihilfe." Ausgerechnet die Scharfmacher vom Anti-Terror-Court hatten die Anklage formuliert und zugestellt. Tauchen diese sehr speziellen Rechtsprecher auf, fordert der Staatsanwalt während des Prozesses in aller Regel mindestens einmal „lebenslänglich" für irgendeinen der Angeklagten. Der Vorwurf der Ermittler: Die Frau sei verhext worden. Der junge Christ habe ihr einen Liebestrank verabreicht, die Dämonen seien gekommen und so sei der Geist der Frau umnachtet worden. Freunde des Paares seien in das Komplott eingeweiht und als Helfer verpflichtet worden. Für uns eine ungeheuerliche, konstruierte Geschichte, für die Menschen in Pakistan aber alltäglich. In diesem Land kann ein „Ungläubiger", der öffentlich die offizielle Religion verspottet oder Zweifel am Islam äußert, noch immer gehängt werden. Im Fall der Liebenden und ihrer angeblichen Komplizen informierten pakistanische Menschenrechtler in großer Panik Ruth Pfau, die sich gerade in Deutschland auf „Spendentournee" aufhielt. „Ich werde nicht müde, meinen

Landsleuten zu erzählen, mit wie wenig sie unsere Arbeit unterstützen können." Als sie von diesem Urteil hörte, improvisierte sie spontane Sammlungen für rechtlichen Beistand in der Sache: „Muslimin liebt Christen."

Jetzt also, einige Wochen später, steht Ruth Pfau, 10 000 Kilometer von Deutschland entfernt, vor dem massigen Tor des vibrierenden Glutofens, der sich langsam auftut. Hinter den Mauern hören wir jetzt Geräusche, eine Mischung aus Wehklagen und Gesang. Je weiter sich das schwere Tor öffnet, desto lauter wird dieser unwirkliche Klang. Auf dem staubigen Boden im Hof des Gefängnisses hocken Männer. Manche offenbar jenseits der 70, mit sonnengegerbten Gesichtern. Wie in Trance wiegen sie ihre Körper. Der heiße Sand, auf dem sie hocken, stört sie nicht mehr. Einige Männer verharren viele Stunden am Tag in dieser Stellung. Manche von ihnen, so hören wir später, sind schon seit Jahrzehnten in diesem Kerker.

Sadi heißt ein alter Mann, wohl jenseits der 70. Sein wahres Alter ist unbekannt. Ruth Pfau sucht zu erklären: „Das liegt daran, dass es in Pakistan keine Aufzeichnungen über die Geburt der Menschen gibt. Dazu kommt die mangelnde Bildung. In manchen Regionen des Landes gibt es kaum Menschen, die lesen und schreiben können. Darum ist es zwar nicht die Regel, aber keineswegs ungewöhnlich, dass viele Menschen nicht wissen, wie alt sie sind."

Diese Schwierigkeiten der Altersfestlegung kann schwerwiegende Folgen haben. Es gibt Anwälte, die Gefangenen Recht verschaffen wollen, aber für sie liegt ein echtes Problem darin, dass auf dem Papier in Pakistan zwar gilt, dass Kinder nicht ins Gefängnis gesteckt und nicht verurteilt werden können. „Aber das steht eben nur auf dem Papier", sagt Ruth Pfau. Sie hat mit eigenen Augen beobachtet, dass Polizisten beispielsweise nach einem in Karachi verübten Verbrechen in die Slums fahren und Personen in einem jugendlichem Alter aufgreifen. Die seien leicht einzuschüchtern, auf die Eltern könne Druck ausgeübt werden und die Polizei behaupte ganz einfach, dass die Person, die man verhaftet habe, volljährig sei: „Die Beweislast liegt bei der verhafteten Person beziehungsweise den Eltern. Die müssen nun beweisen, dass ihre Tochter oder ihr Sohn noch nicht volljährig und damit noch nicht voll strafmündig ist. Die Eltern können das aber in den seltensten Fällen beweisen, weil es eben keine Geburtsurkunden gibt. Damit haben die Verfolgungs-Behörden ziemlich freie Hand und können mit den Verhafteten erst einmal tun und lassen, was sie wollen, falls nicht eine Menschenrechtsorganisation Wind von der Sache bekommt. Soviel zur Willkür in den Reihen des Rechts."

Wer weiß schon, wie viele Menschen hier zu Recht oder Unrecht sitzen – sie alle aber leben hier in der unerträglichen Hitze des Sommers und in der barbarischen Kälte des Winters von Belutschistan. Es ist die Hölle.

Ohne Gefühl für die Zeit

Sadi wiegt seinen ausgemergelten Körper langsam, so als könne er zerspringen, wenn er die Mauern berührt, im Rhythmus dieser klagenden Melodie. Aus dem Zellentrakt dringen Schreie, wir hören das gellende Knallen von Peitschen. Die Männer im Hof registrieren das nicht. Sadi ist weit weg, offenbar nicht mehr in dieser Welt. Es scheint ihn nicht zu stören, dass Sand in eine offene Wunde unterhalb des Knies weht. Das Gefühl für Zeit hat diesen alten Mann schon lange verlassen. Er ist zu schwach, um noch einmal zu kämpfen. Aber zu stark, um zu sterben. Sadi hat sich der Zeit ergeben, weil schon lange feststeht, dass er hinter diesen Mauern irgendwann sterben wird. Er dämmert in diesem Glutofen seinem Tod entgegen.

Der Anblick der sich wiegenden Männer wird mir nie mehr aus dem Kopf gehen – Menschen an der Endstation ihres Lebens.

Als das Tor mit nachhallendem Donnern zuknallt, passiert Seltsames. Die Blicke der Wärter richten sich auf Sadi. Tag ein, Tag aus hat er sich während der vergangenen Jahre in seine eigene Welt zurückgezogen. Nur zum Essen meldete sich der alte Mann in die reale Welt zurück. „Manchmal verlangt er Nachschlag, dann fragt er nach Wasser, mehr haben wir von ihm nicht gehört", sagt einer der Aufseher und lässt den beeindruckend massiven Knüppel klatschend in die weit geöffnete linke Handfläche fallen.

Heute ist es anders. Sadi starrt angestrengt in Ruth Pfaus Richtung. Er stutzt und stockt, er verstummt und es wird merklich ruhig im Rund des glühend heißen Gefängnishofes. Ruth Pfau geht auf den alten Mann zu. Nach wie vor schaut der in ihre Richtung. Sie nähert sich dem Mann in Hockstellung, sie rückt ganz dicht an ihn heran, so als könne sie ihn in der nächsten Sekunde umrennen. Sadi bleibt in der Hocke. Er rudert mit den Armen. Er will den Menschen, dessen Präsenz er offenbar spürt, berühren. Er will ihn anfassen. Ruth Pfau steht jetzt ganz dicht vor ihm. Er richtet sich ein wenig auf, jetzt stehen sie sich fast Aug' in Aug' gegenüber und er greift zielsicher – wie ferngesteuert – auf ihre Schulter und nimmt Ruth Pfau bei der Hand. Ganz leise flüstert sie ihm im Landesdialekt Urdu ins Ohr: „Ich hab es mir gedacht. Sie sind blind."

„Ich bin hier nicht der einzige Blinde"

Langsam nickt dieser alte Mann, der in diesem Moment das Tor zu seinem geistigen Nirwana kräftig geschlossen hat und der plötzlich mit einer nie gekannten geistigen Präsenz die Hand der Frau drückt, die in seinem Alter sein dürfte. Welche Wandlung eines Menschen passiert in diesem Moment. Er spricht. Er hatte über Jahre nur gesprochen, wenn er ein wenig mehr Essen haben wollte. Aber jetzt hat er zum erstenmal eine wirkliche Vertraute gefunden, und er teilt sich mit. In einfachen kurzen Sätzen.

Sie reden miteinander. Es geht in diesem Gespräch nicht um Schuld und Sühne, es geht nicht darum, warum man ihn hier eingesperrt hat oder dass er unschuldig sei, es geht in diesem kostbaren Augenblick – und das verstehen auch die Wärter – darum, dass dieser Mann nach so langer Zeit wieder spricht.

Es geht um Dank und bevorstehende Hilfe und darum, dass das Bein schmerzt und dass er, der alte Mann, Hilfe annehmen will.

Es geht darum, dass er nichts mehr sehen kann und dass er schon vor einiger Zeit sein Augenlicht verloren hat, dass er gar nicht mehr weiß, wann er seine Sehkraft verloren hat – und dass ihm das aber ganz egal war und dass er mit der Welt an sich abgeschlossen hatte und dass alles so furchtbar sinnlos erschienen war. Bis sich – ja – bis sich das Tor geöffnet habe, und er, Sadi, gespürt habe, dass da jemand kommt, der helfen will.

Das in etwa sagt Sadi (oder er meint es auf jeden Fall so) zu der ganz und gar ungewöhnlichen Besucherin. Und dann sagt er noch einen Satz: „Ich bin hier nicht der einzige Blinde."

Auch Ruth Pfau vollzieht in diesen Sekunden für den aufmerksamen Beobachter eine bemerkenswerte Wandlung. Ihre Gesichtszüge werden weicher, sie taucht ab in eine andere Welt, in die für uns undefinierbare Welt dieses kranken Mannes. In diesem Moment scheint es nur mehr ihn zu geben. Diesen einen Menschen, der seit Jahrzehnten diesen Ort erdulden muss.

Ruth Pfau handelt, wie eine liebende Mutter handeln würde. Sie kümmert sich um Sadi, als wäre es ihr eigenes Baby. In den nächsten Wochen werde ich oft an diese Szene zurückdenken. Ich werde Situationen wie diese häufig erleben. Die seltsame Wandlung einer kleinen starken Frau, die bisweilen herrisch alles im Griff haben will und die in der nächsten Sekunde, wenn es um ein leidendes Menschenwesen geht, alles Harte abstreift und nur Güte und Liebe ausstrahlt. Allein diese eine Szene beobachten zu dürfen, macht so vieles wieder wett. Augenzeuge zu sein, wie sich das Schicksal und der Lebensweg eines Menschen, der – bis auf die nackte Existenz – alles verloren hat, noch einmal ändert, berührt tief.

Ruth Pfau streicht noch einmal über das Gesicht des alten Mannes. Dann sagt sie zu uns: „Die Frage ist nicht, *ob* wir blinden Menschen wie Sadi helfen können. Es geht nur darum, *wie* wir helfen werden. Hier sitzen fast nur Lebenslängliche, die alle mehr oder weniger wissen, dass nur der Tod sie aus diesem Brutofen bringen kann. Was tun diese Menschen den ganzen Tag? Viele drehen durch. Wenn die Häftlinge noch dazu blind sind, ist die Situation völlig unmenschlich. Unter diesen Umständen im Gefängnis zu sitzen heißt: Ich habe meine Menschenwürde verloren. Wir sind verpflichtet, ihnen ihre Menschenwürde zurückzugeben."

Wieder einmal keimt in der Nonne der Zorn über die Ungerechtigkeiten in dieser Welt auf. Der Zorn wird nahezu körperlich sichtbar. Sie ist entschlossen: „Wir wissen, was wir zu tun haben." Keine Zeit für Diskussion. Sie wird darauf zurückkommen. Zuerst spricht sie mit dem Gefängnisarzt. Er zeigt sich erstaunt, als er von den Blinden in seinem Verantwortungsbereich hört. Er sagt aber sofort zu, sich der Sache anzunehmen. Ihm geht es genauso wie vielen anderen einflussreichen Personen aus Pakistan auch: Die Bewunderung für den Einsatz, mit dem sich diese fremde Frau nun seit fast einem halben Jahrhundert um die Menschen hier kümmert, ist groß. Er fühlt sich in die Pflicht genommen und unterstützt die Ärztin beim Gefängnis-Direktor und dem Justizminister in der Provinzregierung. Die Drähte dorthin sind ohnehin nicht schlecht, denn Ruth Pfau ist eine der ganz wenigen spezialisierten Ärzte, die sich nach Belutschistan wagen, um dort medizinische Hilfe zu leisten. Sie und ihr Team unterhalten mit Hilfe der Christoffel-Blindenmission aus Österreich ein Krankenhaus in Quetta. Dort wird Augenpatienten, die sogar aus dem Iran kommen, geholfen. Auch so etwas nötigt den Regierenden Respekt ab.

Pakistanische Liebe

Während der Gefängnisarzt in die erste Diskussionsrunde mit seinem Direktor steigt, untersucht Ruth Pfau schon die anderen Blinden. Erst Stunden später trifft sie gemeinsam mit einem Rechtsanwalt, der heute unsere Gruppe begleitet, die Häftlinge, deretwegen sie eigentlich hierher gekommen ist. Die „Gefangenen der Liebe" sitzen verängstigt in ihren Zellen. „Lebenslänglich" hat der Senat des Anti-Terror-Gerichts im „Prozess um die verbotene Liebe" gegen den Christen, der das Herz einer Muslimin erobert hatte, verhängt. Die junge Frau und drei weitere Freunde des Paares, darunter ein Behinderter, wurden zu mehreren Jahren Gefängnis verurteilt.

Ruth Pfau fasst nach den Gesprächen mit den Verurteilten und dem Direktor zusammen: „Die Situation hat sich ein wenig geändert: während die Muslimin in der ersten Verhandlung noch leidenschaftlich argumentiert hatte: „Er hat mir nichts getan, natürlich nicht, warum denn auch? Ich liebe ihn, und er liebt mich", so hörte sich das später schon ganz anders an: „Er hat mir einen Liebestrank in meine Cola gemischt und seine Freunde haben geholfen, mich dann zu entführen." Ruth Pfau nimmt es der „Zeugin" nicht sonderlich übel: „Man kann sich nicht vorstellen, welchen Druck die Familie auf die Tochter ausgeübt hat. Kein Wunder, dass sie ihre Aussage geändert hat."

Dann überbringt der Arzt die gute Nachricht: Der Direktor habe im Prinzip nichts gegen die geplanten Augenoperationen, „wenn gewährleistet ist, dass keinem der Insassen während der Operation die Flucht gelingt". Beruhigt verlassen die Helfer gemeinsam mit Ruth Pfau nach einem Tag zäher Verhandlungen und Untersuchungen das Gefängnis. Je weiter wir uns entfernen, desto mehr verschwimmen die Konturen des früheren Forts wieder.

Noch während ein Augenarzt zusammen mit Operationshelfern zu einem anderen Ziel in der Provinz unterwegs ist, beginnt die Ärztin mit den Planungen für die bevorstehenden Operationen: „Ich bin ja keine gelernte Augenoperateurin. Ich bastle jetzt an einem Zeitplan, um einen effizienten Ablauf der medizinischen Eingriffe mit unseren Fachleuten aus Karachi zu organisieren. Ich glaube, dass wir das mit unseren Bordmitteln hinbekommen werden."

Zufrieden klappt sie ihren Aktenordner zu. Sie strahlt, als sie ihrem Team Details der Verhandlungen in Sachen „verbotene Liebe" erzählt: „Die weiblichen Gefangenen werden schon bald aus der Haft entlassen – allerdings bleiben die Richter des Anti-Terror-Gerichts bei ihrem Urteil gegen den verurteilten Christen. Aber unser Anwalt hat erzählt, dass seine Freilassung auf lange Sicht möglich sein sollte. Ich bin optimistisch. Wir werden ihn freibekommen. Ewig lassen sich derartige Strafen vor allem vor dem Ausland nicht mehr rechtfertigen. Zudem können die einheimischen Menschenrechtsorganisationen Druck machen." Wir freuen uns:

Die beschwerliche Reise ins wilde Belutschistan hat sich also gelohnt. Aber Ruth Pfau warnt vor übergroßem Jubel: „Noch sind die Leute nicht frei – und noch haben wir die blinden Häftlinge nicht operiert."
Wie berechtigt ihre Zurückhaltung ist, zeigen die kommenden Tage. Wohl auch wegen des fordernden Auftretens des Anwalts und der anderen Mitarbeiter von Ruth Pfau gegen das unmenschliche Urteil untersagt das Justizministerium die Operationen im Gefängnis.

Ende gut – alles gut

Als Ruth Pfau das hört, sagt sie ungerührt: „Dann müssen wir es eben mit einer pakistanischen Variante versuchen." Sie schaltet ihre Vertrauensleute ein. Jetzt geht es nicht mehr um Vitamin A, das sie in Tablettenform im ganzen Land an Kinder verteilt, um eine Form der Erblindung durch Mangelernährung zu verhindern, sondern um Vitamin B – wie Beziehungen. Davon besitzt Ruth Pfau in der Provinz Belutschistan, aber auch in der pakistanischen Hauptstadt Islamabad, jede Menge. Ihre Vertrauten in der Provinzregierung wenden sich in den kommenden Tagen direkt an das Justizministerium. Bald erreichen uns gleich zwei gute Nachrichten. Die erste in Sachen „Antrag auf Operationen".

Am Abend halten wir vor einer kleinen Hütte am Straßenrand. Der Fahrer braucht eine Pause auf der mühsamen Fahrt durch die Berge. Schwester Jeannine, Venu, der persönliche Assistent von Ruth Pfau, und auch wir genießen die Ruhe und legen uns auf eine schnell ausgerollte Strohmatte, um uns etwas zu entspannen. Der Tee kocht auf einem Holzfeuer, und die Ärztin erzählt jetzt: „Ich habe mit meinen Leuten viel telefoniert und geschrieben, am Ende unserer Bemühungen stand eben diese landestypische Lösung: Wir werden gemeinsam mit den Sicherheitskräften und Ärzten ein Augencamp auf dem Gelände der Gesundheitsstation nicht weit vom Gefängnis einrichten. Dann operieren wir eben dort und nicht gleich neben dem Sicherheitstrakt. So wahren der Verantwortliche im Justizministerium und der Direktor ihr Gesicht. Dass blinde Häftlinge nicht fliehen könnten, noch dazu, wenn sie bewacht werden, muss kaum diskutiert werden. Wenn sie nach der Operation wieder sehen können, machen ihnen die Folgen des Eingriffs noch ein paar Tage zu schaffen, auch dann dürfte eine Flucht unmöglich sein. Außerdem lohnt der Aufwand jetzt noch mehr, denn wir werden nicht nur Blinde aus dem Gefängnis behandeln, sondern auch 50 oder mehr Menschen aus der Region ihr Augenlicht zurückgeben. So können sich die lokalen Regierungsvertreter in der Öffentlichkeit sogar feiern lassen, weil sie es mit ihrem O.K. möglich gemacht haben, dass auch Zivilisten operiert werden. Solche pakistanischen Lösungen müssen also nicht immer schlecht sein."

Heilfroh über den Besuch von Ruth Pfau im Zentralgefängnis sind übrigens die Eltern eines 17-jährigen Mannes in Karachi. Sie sind dort im Krankenhaus angestellt. Auf der Leprastation sorgen sich ein Vater und eine Mutter seit dem Besuch ihrer Arbeitgeberin etwas weniger um das Leben ihres Sohnes, den Polizeieinheiten beim Drogenschmuggel erwischt haben. Der Onkel hat ihn offenbar an diesen kriminellen Broterwerb herangeführt, sehr zum Leidwesen der Eltern. Die schwören alle Eide, dass der Junge gerade erst 17 Jahre alt ist – auf dem Papier damit eigentlich zu jung, um in diesem Extremgefängnis zu sitzen. Aber den Beweis, dass ihr Sprössling noch nicht volljährig ist, können sie nicht erbringen. Auch Ruth Pfau, die den Jungen zufällig im Gefängnis traf, kann ihnen dabei nicht helfen.

„Immerhin", beruhigt Ruth Pfau später in Karachi ihre Angestellten, „kann er jetzt Post bekommen. Der Anwalt, der sich der Sache der beiden Liebenden angenommen hat, kümmert sich jetzt auch um den jungen Mann und bringt ihm Briefe, Nahrungsmittel und Kleidung. Wenn er anwaltlich korrekt vertreten wird, dürfte zumindest eine Verminderung der Strafe möglich sein. Auf jeden Fall weiß das Gefängnispersonal jetzt aber, dass wir uns um ihn kümmern – und das hilft ihm auf alle Fälle."

„Expedition Augenlicht"

Nach der Station im Gefängnis ist unser Ziel das Augencamp im Khuzdardistrikt. Immer tiefer dringen wir ins wilde Belutschistan vor. Wir schaukeln im Jeep wie im Karussell. Schlagloch an Schlagloch. Mitten in der Einöde stehen wir plötzlich im Stau. Ein Lkw liegt auf der Seite. Der Fahrer rollt laut schimpfend Tausende von Melonen auf einen Haufen und richtet sich immer wieder auf, um wüste Drohungen gegen den Schuldigen auszustoßen. Glücklicherweise bleiben die Kampfmesser, die die in den Unfall verwickelten Fahrer tragen, im Gürtel stecken. Im Gegenteil, die Gesichtszüge der Kontrahenten entspannen sich allmählich. Ruhig, fast freundschaftlich, überreicht der Busfahrer seinem Kollegen im Lkw eine Wasserflasche. Bei 45 Grad in der sengenden Sonne schlägt der zuvor so wütende Belutsche das Angebot nicht aus und klopft dem Busfahrer, der beim Überholen den Lkw abgedrängt hat, wenig später auf die Schulter. Ohne Papierkram und Polizei: Der Unfallverursacher zahlt dem Fahrer des Melonen-Transporters eine Entschädigung, dann fahren beide weiter. Unser Mann am Steuer dreht sich zu uns um und sagt: „Das hätte auch ganz anders ausgehen können. Hier in Belutschistan weiß man nie. Zwei Hitzköpfe geraten aneinander, der eine zieht eine Waffe, der andere auch – und am Ende liegen zwei Tote auf der Straße. Die Folgen dieser Auseinandersetzungen hätten später auch noch die Familien tödlich treffen können, denn die Blutrache ist hier an der Tagesordnung."

Bis zum nächsten Flussbett haben wir freie Fahrt. Die Teilnehmer der Expedition „Augenlicht" dösen in den Fahrzeugen und wiegen die Körper im Rhythmus der Schlaglöcher. Als der Fahrer den Jeep stoppt, schrecken wir aus dem Halbschlaf. Der Mann am Steuer kratzt sich am Kopf: „Wir müssen die Straße verlassen". Zu unserer Erleichterung meistert unser erfahrener Chauffeur solche Situationen, in die wir wegen der kaum zu erkennenden Straße kommen, immer wieder hervorragend. Unser Lob für ihn kommt aus etwas ängstlichem Herzen.

Die Unberührtheit und Schönheit des Bergmassivs, das sich uns

Pfau-Einsatz mit Vollgas – eine Wüsten-Rallye für die Menschlichkeit

inzwischen immer deutlicher zeigt, kommentiert Ruth Pfau mit ihrem typischen „Atschatschatscha", das in dieser Betonung eindeutig Staunen und Freude ausdrückt. In Awaran, einer kleinen Stadt in den Bergen, machen wir gegen Mittag Rast. Zeit für das Übliche: Reis, Brot, Linsen und in diesem Fall als Beilage Hühnerfleisch. Wir haben noch knappe 100 Kilometer vor uns. Was in Europa eine Fahrtzeit von etwa einer Stunde bedeuten würde, heißt auf dieser Schlagloch-Piste mehr als sechs Stunden stete Schaukelei. Wir ruckeln durch trockene Täler, quälen uns über schmale Bergpässe und kreuzen mehrere Flüsse. Als wir die Station in Maschkay abends gegen sechs Uhr erreichen, begrüßen uns etwa hundert Menschen. Der Tee dampft bereits verlockend aus der Kanne über dem offenem Feuer, die Frauen erwarten uns mit frischem Brot und gegrilltem Fleisch. Im Gebäude laufen schon Untersuchungen und Operationen. Um die Ecke zischt monoton ein Dieselmotor. Zuverlässig produziert das Aggregat den nötigen Strom. Dr. Usmann heißt der bis zur Erschöpfung operierende Au-

Familie mit Kamel auf dem weg zur Augenoperation

genarzt. Er deutet auf den geräuschvoll arbeitenden Generator und erzählt uns kurz die technische Geschichte: „Es gab keinen anderen Weg, Energie zu erzeugen. Überlandleitungen zu legen war nicht möglich, aber wir brauchen hier nun einmal Strom. Was glauben Sie, wie schwer es gewesen ist, eine solche Maschine in der Hauptstadt Quetta zu besorgen? Jetzt funktioniert das Operieren ohne größere Probleme."

An diesem Abend operiert das Ärzteteam noch bis Mitternacht: Abends sind die Temperaturen erträglicher. Es ist ein unermüdlicher Kampf mit Bedingungen, die für uns Europäer unvorstellbar wären. Der Arzt arbeitet gemeinsam mit einem Kollegen und zwei Assistenten parallel an vier Operationstischen. 150 Menschen erhalten an diesen drei Tagen neues Augenlicht. 1300 Patienten werden ambulant versorgt.

Dr. Usmann erzählt: „Seit 20 Jahren arbeite ich in Belutschistan als Augenarzt. Vor fünf Jahren habe ich Ruth Pfau kennen gelernt. Seitdem operieren wir Augenkranke auch in diesen von der Außenwelt abgeschnittenen Gegenden. Pro Jahr führen wir etwa acht Augencamps durch. Mein Team reist oft über Tage aus Quetta an, aber die Strapazen lohnen sich. Für uns sind es ein paar Schnitte, für die sehbehinderten Menschen sind es Riesenschritte ins Leben zurück. Und es gibt so gut wie kaum Operationen, die fehlschlagen."

Die Vorbereitungen und die Nachsorge organisieren ausschließlich die Helfer aus dem Umkreis von Ruth Pfau. Im Gespräch lobt sie die Mitwirkung der Behörden: „Die Menschen, die in diesem Gebiet leben, kämpfen eigentlich ums eigene Überleben. Dass es den Behörden gelungen ist, 20 Freiwillige zur Mithilfe zu überreden, werte ich als Sensation. Ich hoffe, dieses Beispiel wird Schule machen."

Allen Patienten konnte geholfen werden

Probleme bereiten den medizinischen Kräften allerdings noch ganz andere Dinge, die beschriebenen Straßenzustände etwa: „Fahrzeuge und Operationsausrüstung verschleißen extrem unter den Einsatzbedingungen. Aufgrund der schlechten Straßen hält ein Mikroskop nur drei Jahre. Dann geht's zur Reparatur. Nach fünf Jahren können wir das für die mobilen Operationen so dringend gebrauchte Gerät nicht mehr verwenden. Autos leiden ähnlich und müssen ebenfalls vorzeitig ersetzt werden."

Bestandsaufnahme am nächsten Morgen gegen sechs Uhr. Wie geht es den Operierten? Wir erleben Momente des Glücks: Allen Patienten konnte geholfen werden. Für die zuvor sehgeschwächten oder gar Blinden heißt das, dass sie wieder aktiv am Leben der Familie teilnehmen können. Dass sie nicht mehr zur Last fallen und ihren Beitrag zur Versorgung leisten können. Dann geschieht noch ein Wunder. Plötzlich steht vor uns eine junge Frau: eine Ärztin aus Maschkay im tiefsten Belutschistan – Saeeda Anwar. Kaum zu glauben. Die 26-jährige erzählt ihre Geschichte in einer Kurzfassung: „Mein Vater hat mir und meiner Schwester er-

Dr. Ruth Pfau mit Kollegin Dr. Saeeda Anwar, der einzigen Distrikt-Ärztin

laubt, auf eine Jungenschule zu gehen. Ich durfte anschließend sogar Medizin in Quetta studieren. Meine Schwester arbeitet heute als Lehrerin."

Lehrerin in Belutschistan – das ist schon ungewöhnlich. Aber nicht so sensationell wie das Leben von Saeeda. Die junge Frau ist die einzige Ärztin im Distrikt Awaran mit etwa 2,5 Millionen Einwohnern. Der Gesundheitsminister persönlich hatte sie nach dem Studium gefragt, wohin sie zum Praktizieren gehen wolle. Für sie war klar: „Meine Familie lebt hier, überall ist die Not sehr groß. Ich bin Ärztin geworden, weil ich helfen wollte – und Hilfe benötigen die Menschen meiner Heimat Belutschistan sehr dringend."
Sie versorgt vor allem die Frauen im Augencamp. Aber sie unternimmt auch abenteuerliche Reisen in die völlig unerforschten Weiten des Landes, in Gegenden, in die vermutlich zumindest Ausländer noch nie gekommen sind. Ruth Pfau ist sichtlich stolz auf ihre engagierte Mitstreiterin. Und dann erzählt die 26-Jährige uns eines ihrer Abenteuer.

Der Kamelflüsterer

„Ich bin häufig mehrere Tage auf Kamelen oder Eseln zu meinen Patientinnen unterwegs. Natürlich begleiten mich Assistenten, in der Regel Männer. Was fast überall ein Problem wäre, hier ist es keins: Wir sind oft lange unterwegs zu Menschen, die in unwegsamen Gebieten erkrankt sind oder sich die Anreise nicht leisten können oder die ganz einfach transportunfähig sind. Wir reiten tagelang. Über Stock und Stein. Oft wissen wir nicht, wo wir eigentlich landen werden, und nicht immer, wo wir hin müssen. Aber normalerweise treffen wir auf Einheimische, die uns weiterhelfen. Meist erwarten uns schon unterwegs Freunde aus der Familie aus der jemand erkrankt ist. Sie führen uns dann nach einer Tasse Tee und einem Mahl zu den Kranken, die wir suchen. Wir haben möglichst viel Medizin und Untersuchungsgeräte dabei, um optimal helfen zu können, aber nicht immer gelingt das."

Und dann erzählt die Ärztin in Belutschistan folgende Geschichte: „Es ist noch gar nicht so lange her, da sind wir in große Gefahr geraten, weil zwei Kamele gestreikt haben. Ich weiß nicht, was wir falsch gemacht, womit wir sie beleidigt oder wodurch wir sie geärgert haben, jedenfalls setzten sich unsere beiden Tiere wie auf Kommando einfach hin. Und dösten in der Sonne. Wir haben geflucht, geschimpft, sie geschoben, an den Ohren gezogen, gebettelt und gebetet. Sie saßen einfach im Sand und schienen uns auszulachen. Am Anfang fanden wir das auch noch lustig, aber bald verging uns das Lachen. Die Zeit verging – und die Kamele saßen und blökten und versorgten sich aus ihren Speichern. Die Stunden verrannen wie der Sand in einer riesigen Uhr. Wir bekamen Angst. Wir hatten noch etwas Wasser, aber über kurz oder lang mussten wir uns entscheiden. Marschieren wir los oder warten wir hier auf Hilfe? Marschieren hätte bedeutet, alles auf eine Karte zu setzen. Wir wussten nicht, ob wir die Strecke schaffen würden. Also sind wir geblieben. Einmal musste irgendwer kommen und irgendwann würden sie uns suchen. Unsere Sorgen wurden nicht kleiner, als aus der Entfernung eine Karawane auf uns zusteuerte. Karawanen bedeuten in dieser Region oft nichts Gutes, und auch in diesem Fall war es ein Trupp von Kamelen und verwegenen Gestalten. Was sie geladen hatten, wollten wir gar nicht wissen. Die Situation entkrampfte sich freilich bald, weil die schwer bewaffneten Männer sich über uns und die Kamele, die im Sand saßen, amüsierten. Wir hatten den Eindruck, dass sogar die Höckertiere der Karawane über uns gelacht haben. Jedenfalls wollte der Anführer, der mit seinen zwei Kalaschnikows und seinem Bowie-Messer sehr bedrohlich wirkte, wissen, wer wir denn seien. Es hat ein wenig gedauert, bis er glauben wollte, dass ich eine Ärztin bin. Aber ich habe ihm unsere technischen Geräte gezeigt und gesagt, wo ich was studiert habe und dass ich und meine Begleiter auf dem Weg seien, einer schwer kranken Familie aus Belutschistan, seiner Heimat, zu helfen. Ich habe ihm erklärt, dass wir für unsere Einsätze normalerweise auf Kamele angewiesen sind und dass wir die medizinische Versorgung in unserer gemeinsamen Heimat verbessern wollten. Das half. Es hörte auf zu lachen, pfiff kurz, bis sich aus der Riege ein alter Mann löste. Der ging auf die störrischen ‚Krankenwagen' zu und langte mit beiden Händen ans Ohr des einen Wüstenschiffs. Langsam sprach er einen kurzen Satz in die Ohrmuschel – und wie auf Befehl erhob sich unser Kamel. Der alte Mann wiederholte die Prozedur bei dem anderen Kamel. Mit dem gleichen Erfolg.

Die Männer begannen zu lachen. Vor allem, weil wir mit offenem Mund da standen. Keiner wollte uns darüber aufklären, was der alte Mann gesagt hatte. Der Anführer rief uns zu: ‚Der Alte ist ein Kamelflüsterer und ihr könnt sicher sein, dass eure Kamele jetzt bis zu ihrem Tod keinen Starrsinn mehr zeigen werden'. Wir versorgten dann einen der Männer, der einen Durchschuss am Bein hatte. Aus Dankbarkeit überließen sie uns noch einen großen Wassersack. Dann trennten sich unsere Wege. Wir ritten weiter und erreichten mit zwei Tagen Verspätung den verabredeten Treffpunkt. Der Freund der kranken Familie hatte auf uns gewartet und empfing uns mit Reis, Lammfleisch und heißem Tee. Wir konnten tatsächlich noch rechtzeitig Hilfe leisten und haben Vater, Sohn und die beiden Kinder mit einem Breitband-Antibiotikum versorgt. Sie hatten alle über 40 Grad Fieber und wären vermutlich gestorben, wenn wir den Kamelflüsterer nicht getroffen hätten. Drei Tage später ritten wir mit diesen Tieren, die sich vorbildlich verhalten haben und auf alle Befehle reagierten, ins Camp zurück. Wir haben aus dieser Reise gelernt, dass wir bei unseren ‚Krankenwagen' variieren. Motto: Nie mit nur zwei Kamelen oder zwei Eseln los, immer auf die tierische Mischung achten. Ach ja, und die beiden Kamele sind seit der Begegnung mit dem Kamelflüsterer immer noch wie folgsame Lämmer."

Aus einer Ecke hören wir das Lachen einer alten Frau. Fatima, 73 Jahre alt, hat vier Kinder, fünf Enkel und ebenso fünf Urgroßkinder. Sie war blind, als sie hierher kam. Ein Auge ist bereits operiert, das andere kommt morgen dran. Fatima freut sich: „Die Kamel-Geschichte ist wunderbar."

Für Fatima ist derzeit alles wunderbar. Sie kann die Geschichtenerzählerin inzwischen schemenhaft erkennen. Ruth Pfau streichelt ihr über den Kopf: „In einer Woche haben Sie ihre ganze Sehkraft wieder." Da strahlt auch ihr Enkel Anwar. Der 35-Jährige hat sie auf dem Weg ins Augencamp begleitet. Fatima und Anwar hatten Glück, sie fanden einen menschenfreundlichen Lkw-Fahrer, der die Ladefläche seines Trucks kostenlos anbot und sie auch wieder mit zurücknehmen will.

Für die meisten Angehörigen ist die Anreise jedoch eine Tortur, denn in Pakistan kommt auf Hunderttausende Menschen, manchmal auf mehr als eine Millionen, nur ein Augenarzt. Das bedeutet Anreisen über mehrere hundert Kilometer: Oft sind drei Begleitpersonen nötig: Einer schiebt, der zweite trägt einen Sack Reis, der dritte einen Kanister oder Schläuche mit dem lebenswichtigen Wasser. Wenn die Kranken nach Wochen dann in diesen mobilen Camps ankommen, ändert sich oft in nur zwei oder drei Tagen das Schicksal eines Blinden oder gleich der ganzen Familie: Sie fallen aus der Todesstatistik. Denn blinde Menschen haben in den armen Ländern unserer Welt sehr schlechte Chancen auf ein Überleben.

Der 80-jährige Saleh Mohamed möchte trotz seines hohen Alters keinesfalls als Opfer in diese Statistik fallen. Seine Diagnose

Dr. Pfau untersucht die Augen einer Frau

bei der medizinischen Aufnahme: vollkommene Erblindung. Grauer Star auf beiden Augen. Das rechte ist mittlerweile operiert, das linke steht für morgen auf dem Operationsplan. Saleh kommt aus Ghungi, einem Ort 16 Kilometer von Maschkay entfernt. Gemeinsam mit den Kindern und Enkelkindern arbeitet er auf dem Feld. Sein Sohn hat ihn auf dem Tagesmarsch ins Licht begleitet. Vater und Sohn strahlen um die Wette: „Da musste ich so alt werden, bevor ich auf die Idee kam, mich operieren zu lassen. Ich verspreche euch, dass ich noch viele Jahre leben werde. Ich fühle mich noch fit und kann ja jetzt schon wieder etwas erkennen. Endlich kann ich meinen Sohn wiedersehen."

So viel Glück hat Maula Baksh nicht. Der 81-Jährige ist auf beiden Augen seit gut zehn Jahren an Grauem Star erblindet. Ruth Pfau wirkt ein wenig hilflos, als sie konstatieren muss: „Hier können wir nicht mehr helfen, nach dieser langen Zeit der Blindheit ist nichts mehr zu machen. Der Mann ist einfach zu spät gekommen." Das Schicksal des früheren Bauern nimmt sie sichtlich mit. Sie gibt sich und ihrer Organisation die Schuld: „Wir sind zu spät gekommen. Vor drei bis vier Jahren hätten wir ihm noch helfen können. Wir haben ihn zu spät gefunden. Wir müssen einfach noch besser und effizienter werden."

Die tiefe Unruhe, zu spät zu kommen, treibt die Frau, die Deutschland verließ, um die Welt ein wenig besser zu machen, auch noch nach einem Dreivierteljahrhundert an. Sie ist überzeugt: „Wir werden besser und effizienter werden."

Für Menschen und ihre Würde geht's im Norden über Stock und Stein

2. Kapitel
Fluch im Dorf der Fischer

Müde klatschen die Wellen an die Kaimauer des Hafens von Gwardar. Das alte Fischerdorf in Belutschistan putzt sich für die Welt heraus. Goharam führt uns durch die engen Gassen des Orts, schwärmt von der Qualität der Meerestiere und empfiehlt Ausflüge zu Flecken von ungeahnter Schönheit. So wie hier könnte es tatsächlich auch im Paradies ausschauen. Unberührte Landschaft, keine Touristen, das ewig gleichmäßig ruhige Wiegen der Wellen, die frischen Früchte: Das ist der Garten Eden.

Belutschistan ist aber nicht nur schön, sondern ein Land voller Extreme und Widersprüche. Armut, Blindheit, Lepra, Tuberkulose und mehr als 70 Prozent Analphabetismus bestimmen das Leben hier noch immer. Die Begeisterung der Belutschen für ihre Heimat ist trotz allem ungebrochen.

Doch auch ihre Welt ändert sich. Die ersten Bagger und Aushubschiffe treffen sich vor der Kaimauer. Unten dümpeln die Boote der Fischer sanft auf den Wellen, daneben fördert ein Kran Schlamm aus dem Wasser. Hier entsteht ein Gebiet der Freihandels-Zone. Wer weiß, wie lange dieses Belutschistan noch „zum Sterben schön" bleibt, wie die Einwohner sagen.

Belutschistan ist wirklich wunderschön – aber auch ein Land der „tausend Rätsel".

Auch Ruth Pfau hatte der Atem gestockt – vor Staunen, als sie zum ersten Mal nach Gwardar kam. Sie sagt, ihr Gedächtnis sei „poetisch". Und ihre Erinnerung holt auch jetzt ein wirklich stimmungsvolles Bild hervor. Damals, bei der ersten Fahrt hierher, einer beschwerlichen und abenteuerlichen Fahrt über Stock und Stein,

Sinnieren am Strand von Ganz; hier begann das Augen-Programm

da hatte es den Mitgliedern der Reisegruppe – die Schwester Jeannine war natürlich auch schon damals mit dabei – die Sprache verschlagen. So schön war es hier: die Unendlichkeit des Meeres, die einsamen Strände. Welch eine Lust war es gewesen, den Picknick-Korb zu öffnen und sich an den Leckerbissen zu delektieren. Ruth Pfau erzählt von diesem ersten Mal mit anschaulichem Enthusiasmus. Vor meinem inneren Auge entsteht ein Bild. „Menschenfreunde machen verdiente Pause", so könnte die Idylle heißen. Wie sie barfuß am Strand sitzen, sich über Gottes Natur freuen, wie das Wasser die Füße umspielt, wie sie unter der Sonne und fernab jeglicher Zivilisation debattieren, wann die Hilfsmaßnahmen anzulaufen haben und wie sie die Dorfbewohner mit einbeziehen wollen.

Ruth Pfau erinnert sich auch daran, wie unbekümmert ihr Vertrauen in die Hilfe der Einheimischen damals war. Völlig losgelöst von der Sorge oder Angst, dass Christenmenschen in diesen Teilen der Erde schon häufig um ihr Leben haben fürchten müssen.

Dass Frauen, die allein reisen, eingesperrt werden oder für immer von der Bildfläche verschwinden. Nein, die Sorge um sich selbst, das stand bei diesem Team damals nicht an. Ebenso wenig wie heute. „Wenn wir gewusst hätten, was alles passieren kann, wer weiß, ob wir damals alles so gemacht hätten. Wir waren so unbekümmert, wir sind einfach losmarschiert. Und das war gut", sagt Ruth Pfau heute und lächelt. Wohl, weil sie in diesen Sekunden an ihre Abenteuer in diesem Landstrich denkt. Abenteuer, die zu erleben keiner von uns wünscht: „Wer wie ich in tausend Gewehrläufe geblickt hat, der kennt die Angst vor dem Tod nicht mehr." Warum auch Angst haben? Der Herr hat sie behütet. „Natürlich bin ich oft auch haarscharf am Tod vorbeigeschrammt. Aber das muss man akzeptieren, wenn man sich auf den Weg macht, um zu testen, wie weit man gehen kann."

Die anstrengenden Fahrten durch Belutschistan, die Visiten in dieser wilden und verlassenen Gegend sind ihr nicht nur sehr lieb, sie hält sie aus medizinischen Gründen für unabdingbar: „Diese Provinz ist so arm und hat so wenig Infrastruktur, da gibt es doch kaum Ärzte." Natürlich muss sie schon aus diesem Grund immer wieder da hin.

Diese Region barg lange Zeit ein Geheimnis, das wie ein düsterer Fluch schien. Viele Männer und ihre Söhne, die auf das Meer fuhren, kamen mit der Zeit als Blinde zurück. Ganz schlimm war die Situation in Ganz, wo fast jeder Zehnte sein Augenlicht verloren hatte. Ein Fluch – unerklärlich und schicksalhaft.

„Früher wussten viele Pakistani gar nicht, dass Belutschistan zu ihrem Land gehört, ganz zu schweigen von Gwardar oder Ganz. Den ersten Mann aus Belutschistan, den ich traf, war ein Lkw-Fahrer. Der konnte mir nicht einmal sagen, wie viele Tage er mit seinem wackligen Gefährt nach Karachi unterwegs gewesen ist, er versuchte es mit einem Annäherungswert: ‚Ich habe so lange bis nach Karachi gebraucht, wie es dauert, eineinhalb Sack Mehl zu verbrauchen.'"

Noch heute freut sich Ruth Pfau über die Geschichte, die hier ihren Anfang nahm. Eine Geschichte, die ihr in allen Einzelheiten präsent ist. Sie kann heute über vieles lachen, was damals passierte, und darüber, wie alles anfing. Dramatisch allerdings waren die Schicksale, die Ruth Pfau wie zufällig vor Jahren in Ganz antraf – und dramatisch war die Wendung, die ihre Arbeit dem Leben von vielen Menschen hier gebracht hat. „Ja, unsere Augenarbeit hat hier in Ganz ihren Anfang genommen", sagt sie. Und sie fügt hinzu: „Da sollten Sie unbedingt hin."

Auf dem Weg zum Ort, wo alles begann

Wir machen uns also auf den Weg nach Ganz, dem kleinen Fischerort am Ende der Welt. 120 Kilometer durch die Wüste. Wir fahren mit zwei Geländewagen, da wir drei Augenpatienten nach Hause begleiten. Außerdem bieten mehr Leute größere Sicherheit in einem Gebiet, in dem manchem die Kalaschnikow immer noch und allzu oft sehr locker um die Schulter hängt. Wir passieren eine Gruppe von Kamelreitern – vermutlich gehen diese bewaffneten Herren dem ehrenwerten Beruf des Schmugglers nach. Die Wahrscheinlichkeit, in diesen Gebieten auf Regierungstruppen zu treffen, ist nicht so groß. Kritiker meinen, dass die Regierungszentrale in Islamabad diese Landstriche ohnehin abgeschrieben hat.

Die Gefahr kann überall lauern. Oder besser: Was wir möglicherweise als Gefahr ansehen. Ein Beispiel: Als wir Stunden später einen der bunt bemalten und mit viel Chrom verzierten Lkws überholen ist sein Heck mit einem riesigen detailgetreuen Gemälde von Osama bin Laden verziert. Als er vorbeifährt, applaudieren viele Beobachter laut und spontan. Der Beifall zeigt, wem die Sympathien der Menschen hier gehören.

Die Straße nach Ganz ist für hiesige Verhältnisse hervorragend ausgebaut. Fast wie ein Highway. Nach 20 Kilometern allerdings endet der Asphalt plötzlich auf sandigem Untergrund. Wir befinden uns jetzt auf einer steinigen Piste mit unendlich vielen Schlaglöchern. Die Landschaft verändert sich, geht nach und nach von

Götter-Dämmerung über Gwardar, Ruth Pfau beim Interview mit „Sennheiser-Hund"

bewachsener Steppe in eine Wüste über. Irgendwann ist auch diese Piste keine mehr. Spätestens jetzt sucht sich jeder Fahrer seine eigene Spur. Wir sind froh, dass die Qualifikation der Fahrer vor ihrer Einstellung überprüft worden ist.

Unser Mann am Steuer – er heißt übrigens Neewag – orientiert sich mit der Sicherheit eines GPS-Navigationssystems an Bergen, Flussläufen und dem Stand der sengenden Sonne. Komplizierte Navigationstechnik würde möglicherweise gar nichts nützen, weil britische und amerikanische Soldaten in diesem Teil der Erde auf Terroristen-Jagd sind und die von Menschenhand geschaffenen Himmelskörper kontrollieren und programmieren. Unser Fahrer findet sicherer als jeder Navigator den Weg.

Es hat etwa 50 Grad Celsius. Während einer Pause in dieser unwirtlichen, glühend heißen, aber bizarr schönen Gegend erkennen wir, dass wir auf einem Hunderte von Quadratkilometer großen Teppich aus Muscheln und anderem versteinertem Meeresgetier fahren.

Ruth Pfau bricht in Verzückung aus – und hat eine Erklärung parat: „Hier muss vor Tausenden von Jahren noch der Meeresgrund eines Ozeans gewesen sein. Für jeden Muschelsammler, der mit der Hitze zurechtkommt, muss dieser Fleck Erde ein Paradies sein."
Sie sammelt unzählige dieser kleinen in Jahrmillionen gealterten Kunstgegenstände ein und erfreut sich über Gebühr an jeder Einzelnen – mit einem lauten „Atschatschatscha".
Vier Stunden später sind wir ohne große Zwischenfälle endlich am Ziel.
In Ganz, wo alles begann.

Die Geißel der Blindheit

Die Blindheitsrate liegt hier bei sechs Prozent – zehnmal höher als bei uns im westlichen Europa. Ganz ist ein Fischerdorf mit vielleicht tausend Einwohnern, einem wunderbaren Strand und malerischen Felsmassiven. Auf den ersten Blick eine heile Welt. Wenn nicht die Geißel der Blindheit wäre.

Die Geschichte von der Heilung der Menschen und der Verhütung von Blindheit vor dieser imposanten Kulisse hat durchaus biblisches Format. Wir wollen vor dieser Landschaft ein Interview aufnehmen. Langsam versinkt die Sonne im Meer. Ruth Pfaus Gewänder flattern im Wind und die eifrige Benutzerin eines Laptops lacht darüber, dass wir unser starkes Sennheiser-Mikrofon als „Hund" titulieren. „Ein Hund, warum ein Hund?" Das lange Mikro an der Stange trägt ein zotteliges Fell, so ähnlich wie bei einem Pudel, der frisch aus der Schlammpfütze kommt. Und dieses zottelige Fell, das aussieht wie ein „Hund", schluckt die bei der Aufnahme störenden Windgeräusche.

Aber dann konzentriert sie sich und wird ernst, ihre Erinnerungen gehen zurück an den ersten Besuch in dem angeblich „verfluchten" Fischerdorf: „Wir waren eigentlich wegen der Lepra-Kranken nach Ganz gekommen. Aber dann stellten wir fest, wie viele Menschen hier blind sind oder wie viele an der Augenkrankheit Grauer Star leiden. So schlimm war es nirgendwo. Und ich war zutiefst frustriert: „Jetzt setzten wir seit sechs Tagen unser Leben in dieser Region aufs Spiel und können einigen Patienten nicht helfen, weil ich als Nicht-Augenärztin nicht wusste, dass es das Trachom überhaupt noch gab. Ich hatte das immer für eine Krankheit aus dem alten Ägypten gehalten. Der Schock saß tief damals. Wir sind abgereist, weil wir im Augenblick nichts bewirken konnten. Wir konnten den Menschen nur den schlichten Rat geben: ‚Wascht euch die Augen mit sauberem Wasser, das kann fürs Erste schon einmal helfen.'"

Ruth Pfau redet auf unserer Reise immer wieder von Ganz. Das Schicksal dieser Menschen hat sich fest in ihre Seele eingebrannt. Damals standen die Helfer vor einem Rätsel. Man suchte Rat bei Experten. Keiner konnte weiter helfen. Es gab die unterschiedlichsten und widersprüchlichsten Theorien. Es gab nicht einmal Tipps oder Ratschläge. Nur einige Berichte über Mediziner, die sich an der Ursachen-Forschung versucht hatten, daran aber ebenso gescheitert waren wie an der konkreten Bekämpfung der Blindheit.

Wenn nicht einmal die Fachleute an den Universitäten weiter wussten, wie sollten sich dann die armen Fischer, meist Analphabeten, selbst helfen? Die Bewohner der Region sind sich heute einig: „Ohne die weiße Frau aus Karachi hätten viele Kinder keine Väter mehr – und viele Mütter keine Söhne." Denn die Söhne müssen schon sehr jung mit hinaus aufs Meer. Mancher von ihnen kam nach einigen Wochen ohne Augenlicht wieder heim. Und viele Erblindete sind gestorben, weil auch Blinde – ebenso wie Leprakranke – als Aussätzige behandelt wurden. Kein Wunder, wenn diese einfachen Menschen an den großen Fluch glaubten. Ruth Pfau hat den Menschen die große Angst vor der Verdammnis genommen. „Wir haben einfach einmal gemacht", sagt sie. Einfach gemacht, einfach drauflos, ohne Furcht. Mit großem Gottvertrauen und mit dem Wissen, dass früher alle Abenteuer gut ausgegangen sind und dass das Team schon so viel erreicht hat. Da machten sie also einfach mal. Sie holten ihre britische Geheimwaffe nach Ganz: Mr. Cowley, ein Mann mit viel Vertrauen in das eigene Tun und das Wirken des Herrn. Der burschikose Augenarzt von der Christoffel-Blindenmission hatte sein Leben der Bekämpfung der Blindheit verschrieben und war jedes Jahr für einen Monat oder mehr zu Ruth Pfau nach Pakistan gereist. „Ohne ihn wäre nicht so viel gegangen", sagt sie. Und wer weiß, ob sie ohne diesen Helfer (den sie mit zärtlichem Spott „das Schlachtross" nannten) die Frage, wie weit sie denn gehen könne, überhaupt so weit hätte ausloten können?

Sie erinnert sich an den ersten Morgen vor einigen Jahren: Als die Boote kurz nach Sonnenaufgang am Strand anlegen und einige fast blinde Fischer – von ihren sehenden Freunden gestützt – mit prall gefüllten Netzen an Land gehen, da wartet das ungewöhnliche Empfangs-Komitee auf sie. Die Fischer sind irritiert. Ein Raunen geht durch die Menge, als die Männer des Meeres erfahren, was die Fremden wollen. Wenn es stimmt, was sie sagen, vielleicht könnte der Fluch dann von ihnen genommen werden.

Was will die fremde Frau wirklich?

Doch die Fischer sind skeptisch. Aufgeregt diskutieren sie untereinander. Was kann eine Frau aus Deutschland für sie schon tun? Und viel wichtiger: Warum tut sie das? Die fremden Besucher erklären, warum sie hier sind: „Die Ursachen der Blindheit – das könnte etwas mit dem Wasser, dem Licht und der Sonne zu tun haben." Zu dieser Einschätzung waren inzwischen auch andere Ärzte, vor allem Augenärzte gekommen. Es konnte die gefährliche ultraviolette Strahlung sein, vor der die Fischer sich nicht schützten. Es konnte aber auch sein, dass Defekte am Auge vererbt werden. Unwahrscheinlich – und keineswegs durch Forschungen belegt. „Es gibt nichts, was es nicht gibt. Wir wussten es einfach nicht", sagt Ruth Pfau heute und geht in ihrer Erinnerung wieder zurück zu jenem Morgen.

„Ausprobieren, wir müssen das ausprobieren." Der Strand füllt sich schnell mit Dorfbewohnern. Allmählich wird ihnen klar, wie wichtig das Anliegen dieser Fremden ist. Und dass sich hier die Möglichkeit der Hilfe auftut. Es melden sich fünf Personen, die bereit sind, bei einem Versuch mitzumachen. Ruth Pfau erzählt: „Wir haben dann Männer und Heranwachsende untersucht, die aufs Meer zum Fischen fuhren. Bei allen sehgeschwächten oder blinden Personen haben wir festgestellt, dass sich ein bestimmter Belag auf den Augen festgesetzt hatte. Diese winzigen Rückstände trüben die Augen oder lassen überhaupt kein Licht mehr durch, was letztendlich zur Erblindung führt." Zum Eingriff überredet werden muss keiner, und die fünf Probanden genießen heute Heldenstatus in Ganz. Wie richtig der eingeschrittene Weg gewesen ist, zeigt sich ein paar Tage später, als die fünf unverhofft wieder sehen können. Danach setzen die Untersuchungen in einem größeren Maßstab ein. Sie zeigen das ganze Ausmaß des Problems.

Fast sechs Prozent der Menschen in Ganz sind blind, 56 Prozent drohen zu erblinden. Die Kranken brauchen dringend Augentropfen. Dreimal am Tag einzunehmen – aber wie soll man diese Dringlichkeit einem Fischer in Belutschistan klar machen? Die rettende Idee kommt von einem Mitarbeiter. Hadschi Ashraff, einer aus dem Team der Leprahelfer, setzt ganz auf die Jugend: In Ganz besuchen die Jungen eine Schule. Ruth Pfau organisiert ein Megafon, und dreimal am Tag laufen die Burschen lärmend durchs Dorf. Welch ein Spaß, wenn sie schreien können: „Zeit für die Augentropfen! Wer gesund werden will, der muss die Augentropfen nehmen."

Ruth Pfau hatte zunächst die kleinen Dorfbewohner gewonnen. Die Kinder gingen mit gutem Beispiel voran und träufelten sich selbst oder mit der Hilfe der Eltern oder der Schwester die Tropfen in die Augen. Der Medikamenten-Trick reichte aber noch nicht. Dass die Fischer auf dem Meer inzwischen Sonnenbrillen als Schutz trugen, war noch relativ einfach zu organisieren, zumal dieser Sichtschutz für Ruth Pfau nicht so schwer zu beschaffen war. Wie aber konnte man die Dorfbewohner zur regelmäßigen Augenpflege überreden? Nur so konnte die Hilfe nachhaltig sein. Wieder hilft eine List. Der Lepra-Augen-Assistent im Team, Ashfaq, hat sich mit der Zeit mit dem Dorf-Mullah angefreundet und ihn im Gespräch wissen lassen, wie gut es doch sei, am Tag fünfmal rituelle Waschungen vorzunehmen. Und nach einigen Tagen fügt er etwas hinzu: „Nun, wir sündigen auch mit den Augen, da wäre es doch wunderbar, wenn wir uns bei den rituellen Waschungen auch die Augen waschen würden." Worauf der Mullah am nächsten Tag über Megafon einen neuen Erlass kundtut: „Wer sich nicht nur fünfmal am Tag die Hände und Füße, sondern auch die Augen wäscht, der sorgt dafür, dass unser Ganz von Allah einen ganz besonderen Segen erfährt." Der Segen stellt sich ein. Und allmählich verschwindet auch der vermeintliche Fluch, der über dem Fischer-Dorf gelegen hat. Ruth Pfau hat also nicht nur die Menschen geheilt, sondern auch den Weg aufgezeigt, wie man sich eines Fluchs entledigt.

Entsprechend groß ist der Jubel, als wir nun die Menschen in Ganz begrüßen. Bei unserer Ankunft sehen wir: Im Schatten der Hütten sitzen die Männer und Frauen diskutierend beieinander und gehen dabei einer Tätigkeit nach, die von den Alten des Dorfes noch nicht lange so praktiziert wird. Mit großer Akribie und ebenso großen Brillen auf den Augen flicken alte Frauen und alte Männer die gerissenen Netze. „Früher haben wir uns nutzlos gefühlt und wussten nichts mit uns anzufangen, wir waren nur eine Last für unsere Kinder, zu nichts Nutze. Wir konnten doch die Löcher in den Netzen, die uns die Söhne brachten, nicht sehen", erinnert sich ein alter Netzflicker. „Jetzt, mit den Brillen, geht das ganz anders. Wir können mit unseren Brillen zwar nicht alles sehen, aber zur Reparatur reicht es allemal."

Das Leben in Ganz – seit dem ersten Besuch von Ruth Pfau ist es anders geworden. Die Gemeinschaft zwischen jung und alt ist gewachsen, es gibt keine Ausgrenzung der sehgeschwächten, älteren Dorfbewohner mehr. Diejenigen, denen mit Augentropfen und ritueller Waschung das komplette Augenlicht nicht wiedergegeben werden konnte, bekamen zumindest eine Brille. „Wir sehen das Leben mit ganz anderen Augen", ruft eine alte Frau herüber und bietet uns Tee an.

Wir besuchen den Lehrer Dawood in seinem Haus. Er ist im Laufe der Zeit zu einem wichtigen Helfer in Ganz geworden. „Das ist mein Gesundheitsassistent", sagt Ruth Pfau. „Er erkennt Augenerkrankungen, ohne dass er eine fachliche Ausbildung erhalten hat." Da schwingt Bewunderung bei ihr mit, die selber keine Augenärztin ist, es aber immer wieder schafft, renommierte Spezialisten an ihre Seite zu holen, die auch Nichtspezialisten zu wichtigen Mitarbeitern in diesem Netzwerk des Helfens machen.

Lehrer Dawood, so lobt sie ihn, sorge auch „in seiner ganzen Schaffenskraft und mit unermüdlichem Eifer" dafür, dass Erkrankte den Kontakt mit einer der in ganz Pakistan so seltenen Augenkliniken aufnehmen, von denen eine in Gwardar ist.

Obschon er auch selber die Diagnosen stellen könnte, bittet Dawood die „Chefin", einmal einen Blick in die Augen von zwei Kindern zu werfen. Wenig später wiegt sich eines von ihnen bereits im Arm von Ruth Pfau, die es auf Anhieb geschafft hat, das Vertrauen der beiden Kleinen zu gewinnen. Vor Ort verspürt diese Frau, die in den letzten Jahren unter den unendlichen Anforderungen oft so müde wirkte, eine fast unglaubliche Energie. Und sie gesteht: „Am liebsten würde ich nur noch als Ärztin arbeiten." Im gleichen Atemzug fügt sie an:„ Aber das geht wohl nicht."

Der Vitamin-A-Mangel

Die Diagnose ist schnell klar: „Die Kinder leiden unter Vitamin-A-Mangel. Farah, das neunjährige Mädchen und Fasal, ein nur wenig älterer Junge, bekommen eine Vitamin-A-Tablette in die Hand gedrückt. „Sofort schlucken" heißt die Anweisung – und schon stehen die beiden im dicken Patienten-Buch der Ärztin.

In etwa vier Wochen werden die Kinder erneut untersucht werden. Jetzt, da die beiden Kleinen in ihrem Buch stehen, gehören sie zum Pfau-Programm – und aus diesem fällt niemand heraus. Die Ärztin: „Bei aller Armut in dieser Region, zum Glück sind die Väter in der Lage, die Familie mit frischem Fisch zu versorgen. Der Verzehr der Meerestiere verhindert die Unterernährung der Menschen, gerade der Kinder. Eiweiß steht genug auf dem Speiseplan. Ich kann ihnen aber nicht sagen, dass sie auch mehr Gemüse essen sollen. Das würde nichts bringen – denn Gemüse gibt es hier gar nicht."

Jetzt bringen wir die Patienten aus der Klinik in Gwardar, die wir mit im Auto hatten, nach Hause zu ihren Familien. Sie sind glücklich, wieder sehen zu können – auch wenn ihr Eindruck von der Wirklichkeit noch schemenhaft ist. Der Vater bzw. der Großvater oder die Großmutter und Mutter, die gesund zurückgekommen sind, werden begeistert begrüßt. Die Betroffenen haben mehr zurückbekommen als ihr Augenlicht. Sie können wieder für sich selber sorgen. Und das bedeutet: Sie haben wieder ein Stück ihrer Würde zurückerhalten. Und genau dies ist für Ruth Pfau der entscheidende Punkt: „Dass die Menschen ihre Würde zurückerhalten, das ist vielleicht sogar wichtiger als die konkrete medizinische Hilfe. Dieser Aspekt sollte wesentlicher Bestandteil aller Hilfsüberlegungen sein."

Wir gehen ins Haus von Miandat. Er ist 58 und bereits an den Augen operiert. Hier treffen wir Zaitan. Zaitan ist dreiundzwanzig, hat drei Kinder und ist die Frau eines Fischers aus der Nachbarschaft. Lehrer Dawood hat sie hierher gebracht. Sie leidet seit Tagen an einer Zyste am Augenlid. Ruth Pfau untersucht sie und gibt ihre Anweisung. „Zaitan wird beim nächsten Augencamp in Gwardar operiert werden. Das dauert zwar noch etwa 4 Wochen, aber so lange haben wir Zeit."

Eine neue Sicht des Lebens

Später gehen wir hinunter an den Strand und begrüßen Allahadad, der sich unglaublich freut, seine „Retterin" zu sehen. Ihm hat das Pfau-Team im vergangenen Jahr geholfen und vermutlich das Leben gerettet. Er ist etwa 65, und wegen seiner Alterssehschwäche hatte er seine Tage in Apathie verbracht, scheinbar nutzlos für seine Familie. Jetzt kann er seinem Sohn wieder helfen. Allahadad erzählt uns seine Geschichte, einer der Begleiter von Ruth Pfau

Ein sehgeschwächter alter Fischer bei der Netzreparatur

übersetzt: „Ich gelte inzwischen wieder als guter Arbeiter. Ich flicke auch größere Löcher in den Fangnetzen und kann den Fisch putzen oder andere handwerkliche Arbeiten verrichten. Ich hätte – bevor ich eine Brille bekommen habe – nicht gedacht, noch irgendwann einmal Spaß am Leben zu haben oder von meinen Söhnen oder Enkeln geachtet zu werden."

Als sich die Sonne senkt, gesellt sich Rahim Buksh, ein Fischer, Mitte fünfzig zu uns, der wie viele andere aus Ganz an der übermäßigen UV-Strahlung erblindete. Leider liegt das schon zu lange zurück, als dass man noch etwas retten könnte. Ruth Pfau erzählt von seinem Schicksal: „Es ist zwecklos, ihn jetzt noch zu operieren. Wir konnten den Mann nur lehren, die Augen zu ersetzen. Er ‚sieht' jetzt eben mit den Händen und seinem Gehör. Wir haben ihm geholfen, andere Stärken zu entwickeln, die funktionierenden Sinne zu schärfen. Jetzt kann er wieder ‚sehen', aber eben anders. Und er hat zu einer gewissen Zufriedenheit gefunden."

Auch das gehört zur Philosophie von Ruth Pfau – wenn medizinisch nichts mehr geht, dann versucht sie auf Geist und Seele zu wirken und Auswege zu zeigen. Rahim Buksh hat akzeptiert, dass er sein Augenlicht verloren hat. Er hat gelernt, anders zu sehen – mit den Augen eines Blinden. Auch Rahim hat so seine Würde zurückbekommen.

Es ist schon spät geworden. Wir fahren in Richtung Gwardar zurück. Der Horizont ist dunkel. Die Wolken hängen tief. Ein Sandsturm droht. Der Fahrer drückt aufs Tempo und wir schlingern im Wüstensand. Ruth Pfau mahnt zur Eile. Die Dunkelheit ist der Verbündete von finsteren Gesellen, und man sollte das Schicksal nicht unbedingt herausfordern. Nicht zuletzt deswegen lautet unsere tägliche Devise: Bei Einbruch der Dunkelheit dort sein, wo man hin will. Der Sturm beginnt eine Sandfront auf uns zuzuschieben. Ausweichen geht nicht, also versuchen wir, möglichst schnell durchzukommen. Unseren Mann hinter dem Steuer kann nichts aus der Ruhe bringen, er scheint sogar Gefallen an dem Abenteuer zu haben. Männer sind gerne Helden. Ich denke:

Ruth Pfau vielleicht auch? Vielleicht nimmt sie deshalb all die Mühen auf sich? Aber nein, der Sturm fegt die Gedanken fort – es ist ihr Weg, zu dieser Zeit an diesem Ort zu sein. Wäre sie nie hierher gekommen, hätte sie das Abenteuer nicht auf sich genommen, Hunderte von blinden Fischern wären vermutlich gestorben. Langsam beginne ich zu begreifen.

Die Wellen platschen am nächsten Tag erneut müde an die Kaimauer von Gwardar. Keine Spur vom Orkan. Doch schon bald soll hier ein anderer Wind wehen, das Leben pulsieren. Freihandelszone heißt: großzügiger Hafenausbau, Zollbefreiung, günstige Einkaufspreise, offizieller Händlerverkehr, Ausbau des Flughafens, vielleicht sogar Hotelbau und Beginn des Tourismus – an einem der schönsten Flecken der Erde?

Wir fahren durch die engen Gassen des jetzt noch überschaubaren Ortes. Der Geräuschpegel ist beachtlich. Nicht nur unser Fahrer nutzt das Horn, und jede Hausecke wird mit lautstarkem Hupen umfahren – es könnte schließlich jemand von vorn kommen. Und außerdem: Warum sollte es hier anders sein als in Karachi oder Islamabad? Möglichst viel Krach zu jeder Tageszeit – so heißt die Devise. Mit großem „Tut-tut-tut" fahren wir weiter – bis der Chauffeur vor einem Haus mit großem Schild, „Community Dental Clinic", hält. Gott sei Dank!

Der einfühlsame Zahnarzt

Wir betreten den Hof über eine Autozufahrt und befinden uns auch schon im Wartezimmer – nur ein Teil ist überdacht. Früher war dies der Standort der Lepraklinik. Damals, als alles auch in Gwardar begann. Die kleine Lepraklinik wurde bald viel zu klein für all die Menschen, die kamen und Hilfe suchten. Schon bald war beim Lepra-Team der Plan entstanden: „Wir bauen ein richtig schönes, großes Krankenhaus, denn wir brauchen mehr Raum für die Patienten." Und warum sollte nicht auch hier funktionieren, was vorher schon oft funktioniert hatte.

Und es war wie immer – Ruth Pfau und ihre Mitarbeiter haben es auch hier geschafft: den Umzug in ein neues Krankenhaus, mit modernerer Technik, mit mehr Ärzten und Lepra-Assistenten, die auch von der Augen-Problematik mit der Zeit immer mehr verstanden, da die Lepra-Forschung sehr schnell darauf gekommen war, dass die Krankheit der Aussätzigen bei Nichtbehandlung auch das Augenlicht angreift. Zudem war noch ein Glücksfall für die gesamte Region, dass sich ein Arzt namens Dr. M. Noor Baloch für die frühere Klinik interessierte, der den in Belutschistan seltenen Beruf des Zahnarztes ausübt. Seit Januar 2002 praktiziert er. Seine Wirkungsstätte besteht aus einem Behandlungsraum: rechts der Zahnarztstuhl mit Röntgenapparatur neuester Bauart, links das Büro, ein Computerarbeitsplatz mit einem Windows-Betriebssystem. Als wir ankommen, behandelt er gerade eine Patientin aus dem Iran. Ihr Vater hat sie mit einem Landrover die 150 Kilometer hierher gefahren. „Sonst hätte er nicht gewusst wohin, denn es gibt sonst keine Zahnarztpraxis, auch nicht im Grenzgebiet zum Iran", weiß unser Doktor. So angsterfüllt die junge Dame auch auf den Bohrer blickt, so optimistisch ist der Spezialist: „Kein Problem, morgen wird sie schon wieder kräftig zubeißen."

Dr. Noor Baloch kocht am Abend Tee für uns: „Es ist mir eine große Ehre, Dr. Ruth Pfau in meinen Räumlichkeiten begrüßen zu dürfen", freut er sich. Er hat ihr in der Tat auch einiges zu verdanken. Über ihre guten Kontakte hat sie dem Dentisten ermöglicht, diese Praxis zu eröffnen und so ihr Hilfsprogramm um eine nicht unwesentliche Komponente erweitert. Ruth Pfau schwärmt von der Großzügigkeit ihrer Freunde: „Dr. Baloch konnte sich die Geräte, die er dringend brauchte, aussuchen. Die Stiftung zahlte alles, was der Zahnarzt begründen konnte."

Dr. Noor behandelt zwischen fünf und zehn Patienten am Tag. Die meisten können sich den Besuch bei ihm nicht leisten, obwohl er nur ca. 200–300 Rupies (3–5 Euro) pro Behandlung nimmt. In Karachi kostet eine solche Behandlung ca. 1500 Rupies.

Er behandelt viele Patienten, ohne sich für seine Leistung bezahlen zu lassen. Eben, weil die Menschen große Schmerzen –

aber auch ein großes Loch in ihrem Geldbeutel haben. Eine uneigennützige Eigenschaft, die Lob von Ruth Pfau einbringt. Andererseits: Von den Gastarbeitern aus China, die am neuen Hafen arbeiten und im Vergleich zu den lokalen Arbeitskräften sehr viel Geld verdienen, holt der Arzt das Geld für die Gratis-Behandlungen wieder herein. Wohlhabendere Leute aus der Region bittet der Zahnarzt mit einem erhöhten Honorar (um 800 Rupies) zur Kasse. Wenn Dr. Noor den Arbeitern aus China erklärt, warum er ihnen ein wenig mehr abknöpft, stößt das meist auf Verständnis.

Ruth Pfau ist stolz auf diesen Kollegen: „Er betreibt diese Zahnklinik mit großem Geschick. Er versteht es, sich den Gegebenheiten anzupassen und Verständnis bei der Bevölkerung für sein Handeln zu bekommen. Er ist der richtige Mann an der richtigen Stelle."

Und wenn es schwierig wird, dann gibt es immer noch die Kontakte von Ruth Pfau, die in ihren langen Jahren in Pakistan ein Netzwerk für die Menschen von einem der kargsten Flecken der Welt bis nach Deutschland gespannt hat: „Wenn gar nichts mehr geht, dann hilft doch das Hilfswerk der Zahnarzt-Kollegen aus meiner Heimat", sagt Ruth Pfau und legt den Bohrer, den sie vorher in die Hand genommen hatte, beiseite. Dann nimmt sie den Zahnarzt Dr. Noor in den Arm – und lacht.

3. Kapitel
Die Augenklinik

Der Tag beginnt mit einer guten Nachricht: „Die TBC-Anerkennung ist da, das ist doch ganz wunderbar." Sofort schwappt Begeisterung durchs Gästehaus. Die News machen blitzschnell die Runde. Während des Frühstücks hören wir Einzelheiten. Ruth Pfau war schon in der Augenklinik der Christoffel-Blindenmission gewesen, hatte sich dort nicht nur einige Patienten angeschaut, sondern auch gleich die Post gesichtet. Dabei war ihr ein Brief mit amtlichem Siegel aus der Provinz-Hauptstadt Quetta in die Hände gefallen. Inhalt des offiziellen Schreibens: In der Klinik von Gwardar soll sich künftig die Behandlung nicht mehr nur ausschließlich auf Blinde konzentrieren – auch die Tuberkulose-Kranken kann man in das Programm aufnehmen. Entsprechende Unterstützung hat der Gesundheitsminister der Provinz Belutschistans fest zugesagt.

Dieser Tag soll in die Annalen des zukünftigen Freihandelshafens eingehen: „Wir werden dieser Nachricht eine entsprechende Ehre zukommen lassen", entscheidet die Chefin. Das muss gefeiert werden. Es fehlt nur noch ein Name für das Hospital mit erweitertem medizinischem Auftrag. Ruth Pfaus persönlicher Sekretär Venu nimmt an einem Schreibtisch vor dem mobilen Computer sofort Denkerposition ein: „Wir müssen natürlich einen Baum pflanzen, wie immer, wenn wir in Pakistan bedeutende Dinge feiern oder unser Team etwas weitergebracht hat – und dann, dann muss natürlich eine Gedenktafel her."

Die Vorschläge für den neuen Namen des Krankenhauses notiert Venu, dann macht er sich auf den Weg zum Schildermacher.

Die Angelegenheit wird äußerst dringlich gemacht: „Gegen drei Uhr nachmittags bin ich wieder da", verabschiedet er sich. Der gute Mann auf der anderen Seite des Tresens scheint nicht unbedingt am heutigen Tag noch auf Arbeit eingerichtet zu sein, aber der energische Venu lässt keinen Zweifel aufkommen: „Wenn das Schild bis dahin nicht fertig sein sollte, bist du uns als Kunden los."

Eine halbe Stunde vor dem Termin erscheinen wir beim erstaunten Schildermaler, der devot grüßt und ein wenig gezwungen lächelt. Der gute Mann hat nur drei Zeilen auf der Tafel geschafft, und leider fehlt in diesen handgefertigten Zeilen der Name von Ruth Pfau. Der feierliche Termin zur Einweihung der von Deutschland und Österreich unterstützten und zukünftig mit dem erweitertem Aufgabenfeld Tuberkulose arbeitenden Klinik ist bereits den Freunden und früheren Patienten bekannt gegeben worden. Die Uhr läuft. Jetzt muss eine pakistanische Lösung gefunden werden. Venu eilt zu einem Internetladen. Auch das gibt es hier. Am Computer zaubert ein PC-Spezialist nach Venus Wünschen das Schild – jetzt fehlt „Ruth Pfau" nicht mehr in den ersten Zeilen. Der Drucker spuckt die Seite zweimal aus. Mit Nummer eins fertigen wir die angesprochene Notlösung. Die ausgedruckte Seite aufs Blech geklebt – und schon halten wir ein Schild, das wenigstens ein paar Tage halten sollte, in den Händen. Nummer zwei trägt Venu gestikulierend zum Schildermaler – auf dass er ein Werk für die Ewigkeit fertige.

Als wir zurückkommen, sehen wir gerade noch, wie Ruth Wasser über eine Pflanze schüttet. Eigentlich sollte es ja eine Eiche sein. „Der Nime-Tree", erklärt uns der Gärtner (früher einmal ein Lepra- und Augenpatient) die kleine Veränderung, „wächst so ähnlich wie die deutsche Eiche heran und ähnelt dieser durchaus. Ach ja, und die Blätter und Früchte des Nime-Trees haben heilende Wirkung." Wenn das kein Baum für ein Krankenhaus ist! Ab heute heißt die neue Klinik jedenfalls „Leprosy, Tuberculosis & Blindness Center" – und im gemeinsamen Gebet legen wir das Schicksal der Klinik und das Schicksal der Menschen in Gottes Hand. So wie es Ruth Pfau immer wieder getan hat, seit sie 1971

Gedenkfeier anlässlich Krankenhaus-Einweihung in Gwardar: Der eingepflanzte Baum mit der Gedenktafel

erstmals einen Fuß nach Gwardar setzte. Diese Klinik in Belutschistan ist besonders wichtig für Ruth Pfau – ja, eines der Herzstücke ihrer Arbeit. Für sie gilt die Klinik auch als Gradmesser, was die Beteiligung von Spendern und Sponsoren betrifft: „Im Prinzip ist es ganz einfach. Wir können in Gwardar nur operieren, wenn für die Eingriffe das nötige Geld vorhanden ist. Bisher haben wir mit vielen Umschichtungen in unserem Etat den Betrieb halbwegs gewährleisten können." Wenn keine Spenden mehr kommen, gibt es keine Operationen mehr.

Unerwartete Teuerungen

Die Spendensituation ist schwierig geworden: „Der Krieg in Afghanistan und im Irak hat uns weit zurückgeworfen. Wir mussten uns um eine halbe Million Flüchtlinge kümmern, wir müssen 30 bis 50 Prozent mehr für den Treibstoff bezahlen. Das sind natürlich Dinge, mit denen wir nicht gerechnet haben, die so nicht planbar sind. Außerdem wissen wir, dass die Spenden in Europa zurückgehen. Und dann gibt es natürlich auch immer wieder Ärger. Denn es gibt Organisationen die wollen, dass ihre Spende nur zweckgebunden ausgegeben wird. Aber soll ich denn einem Menschen, der sterbend am Straßenrand liegt, meine Hilfe verweigern, weil möglicherweise gerade das exakt für diesen Zweck ausgewiesene Geld nicht da sein sollte? Nein, das werde ich nie im Leben tun. Nie, nie, nie."

Mit der Frühmaschine kommen Dr. Amanullah und sein Assistent Mr. Khalid nach Gwardar. Das Empfangs-Komitee für die beiden medizinischen Helfer ist gigantisch. Einen Freund des Hauses oder des Krankenhauses vom Flughafen abholen bedeutet in der Regel Folgendes: Zwei Gäste reisen an – Dutzende Leute aus Verwandtschaft, Nachbarschaft, Freundeskreis, allesamt mit Familienangehörigen, erscheinen neugierig zur Begrüßung. Für den Gast heißt das: Je mehr Leute da sind, desto größer die Ehre. Das „Abhol-Kommando Amanullah und Assistent" zählt etwa 55 Personen.

Helfer sorgen in der Klinik für Hochbetrieb. Heute stehen viele Operationen an. Das OP-Besteck liegt desinfiziert bereit, es fehlt nur mehr der letzte Check des Notstromaggregates. Es funktioniert perfekt. Man kann schließlich nie wissen. Ein Stromausfall mitten in einer Operation könnte einen Patienten in Lebensgefahr bringen. Stromausfälle sind in dieser Region die Regel – da ist es lebenswichtig, einen entsprechenden Ersatz zu haben.

Vor dem Haus sitzen Menschen und warten darauf, aufgerufen zu werden. Vor der Aufnahme bildet sich in kurzer Zeit eine lange Menschenschlange. Stundenlang führen die Ärzte einen Sehtest nach dem anderen durch. Die Untersuchungen in den Sprechzimmern laufen unter der Leitung von Ruth Pfau in routinierter Geschwindigkeit, als Rufe und Lärm den reibungslosen Ablauf durcheinander bringen: Die Gäste trudeln ein – und mit ihnen das Flughafen-Empfangskomitee. Alles andere, als jetzt Tee zu trinken, wäre unhöflich. Allerdings sind die Ankömmlinge Vollprofis und werfen sich ohne die für Männer ansonsten obligatorischen stundenlangen Mittagspausen in ihre feinen weißen Kittel. Die ersten Anweisungen – und schon nimmt der Untersuchungs- und Operationsbetrieb in der Klinik wieder Fahrt auf. Gut, dass die Ärzte das Notaggregat getestet haben, denn schon während der ersten Operationen unter der Leitung von Dr. Amanullah fällt der Strom aus. Der Generator steht bereit und springt tatsächlich nach dem dritten Startversuch auch an. Die Klinik erbebt in ihren Grundfesten. „Keine Sorge", beruhigt Ruth Pfau, „der alte Dieselmotor hat eine solche Power, dass seine Vibrationen die Mauern des Gebäudes erschüttern."

Kleines und großes Glück

Abends ist die Atmosphäre locker. Glückliche Patienten, glückliche Ärzte, eine heitere Mattigkeit – wir spüren ein kollektives Glücksgefühl. Die Bilanz der gemeinsamen Anstrengungen: 85 operierte Patienten. Die meisten Augenkranken sind über 50; einige um die 30 Jahre alt. 16 Operationen am Grauen Star. Alle Patienten kommen mit großer Hoffnung von weit her – alle hatten eine beschwerliche Anreise; die begleitenden Verwandten inklusive. Die campieren im Hof des Krankenhauses, und bis tief in die Nacht flackern die Feuer, über denen die Söhne und Enkel auch den Patienten das Essen zubereiten. In der Aufnahme registrieren sie heute sieben Iraner unter den Kranken. Ruth Pfau erklärt das so: „Auch dort, auf der anderen Seite der pakistanischen Grenze, hat sich offenbar herumgesprochen, dass wir hier in Gwardar vorzügliche Arbeit leisten. Der Name Amanullah gilt nicht nur hier, sondern auch jenseits der Grenze als lebende Legende. Und ich wüsste eigentlich auch gar nicht, wo auf iranischer Seite eine Augenklinik sein sollte."

Wir informieren uns über weitere Patientenschicksale. Da ist etwa der 38-jährige Shamboo, einer von denen, die wir im Auto auf unserer Fahrt nach Ganz mitgenommen hatten. Der blinde Mann leistet als Fischer auf dem Meer Übermenschliches, weil er elf Kinder satt bekommen muss. Einen Tag lang ist er angereist, und wie die Mediziner seine Blindheit nannten, war ihm eigentlich egal. Der Graue Star hat sich tief in seine Augen gegraben. Sein Neffe begleitet ihn, versorgt ihn mit Nahrung und führt ihn in das Spital. Die beiden Eingriffe an den Augen von Shamboo verlaufen komplikationslos. Ruth Pfau erzählt uns: „Wie er die Tatsache, dass er nach langer Zeit wieder sehen konnte, gefeiert hat, das hat uns allen Kraft gegeben. Wir sehen dann, was unser Engagement bringt. Wie wir den Menschen am vermeintlichen Ende der Welt helfen können, ihr Schicksal zu überstehen. Wie wir einer ganzen Familie wirklich wieder eine Zukunft geben können." Shamboo ist außer sich vor Freude und verspricht, zukünftig ein Stück seines Glücks zurückzugeben: „Ich will überall erzählen, welches Wunder mir widerfahren ist. Da kommt ausgerechnet eine Deutsche hierher zu uns, eine Christin, und die macht es möglich, dass sich mein Leben noch einmal zum Guten wendet. Ich kann das alles noch gar nicht fassen – und wenn die Leute von Ruth Pfau einmal meine Hilfe brauchen, dann werde ich für sie da sein."

Die leprakranke Rabia wartet schon lange. So wie sie jahrelang auf die ausgestreckte Hand ihres Mannes gewartet hat. Eine Hand, die die Aussätzige wieder zurückholt in die Familie. Vielleicht ist es das größte Leid, das den Patienten auf der Seele liegt: verstoßen worden zu sein, weil sie Lepra haben. Das hat zur Folge, Haus und Hof, Mutter und Vater, Sohn oder Tochter auf einmal zu verlieren. Die Lepra-Ärzte wissen, dass sich der Körper der Verstoßenen nicht mehr wirklich gegen die Krankheit wehrt. Wie viele Leprakranke leidet auch die 60-jährige Rabia unter einer zunehmenden Sehschwäche. Seit gestern untersuchen die Ärzte diese Frau. Geduldig lässt sie die Untersuchungen über sich ergehen, reiht sich immer wieder neu ein in die Warteschlange. Wir sind stets erstaunt, mit welcher Disziplin diese Menschen das Warten auf die Hilfe erdulden. Selbstverständlich ist das keineswegs, denn am Ende einer Nichtbehandlung steht der sichere Tod. Im Fall der 60-jährigen Patientin hat Ruth Pfau entschieden: „Rabia wird jetzt noch nicht operiert, weil eine Restseh-Fähigkeit durchaus vorhanden ist. Sie bleibt aber im Kontroll-Programm, bis sie wirklich operiert werden muss." Vielleicht ist das nicht ganz genau das, was die Frau hören wollte, aber die gute Nachricht für sie ist, dass sie sich im Pfau-Programm befindet. Das gilt zwar nicht als Überlebens-Garantie, aber zweifellos als eine Versicherung.

4. Kapitel
Die Liebenden aus dem Lepra-Dorf

Er kommt wie aus dem Nichts. Anfangs noch lautlos, gebeugt, ein wenig wie der schleichende Tod. Der alte Mann ist verwirrt. Fremde – noch dazu von weit weit her, die sich in sein Schattenreich verirrt haben. Der Alte schreit, er gestikuliert, er schwingt seine Krücke und schlägt sie auf den Boden. Angst und Wut. Was wollen die Eindringlinge? Bis sich plötzlich seine Gesichtszüge entspannen, weil er Ruth Pfau erkannt hat. Auch sie, sichtlich gerührt, zeigt für einen langen Moment Sprachlosigkeit. In diesem Moment steht für uns, die wir dabei sind, die Erde still. In diesem Moment tauschen vielleicht pakistanische und indische Soldaten an der Grenze Zigaretten aus, gebären Tausende von Müttern Babies – in diesem gleichen Moment steht dieser ausgemergelte Mann in Pir Baba (vier Autostunden nordwestlich von Islamabad) vor uns in seinen zerschlissenen Kleidern. Wir halten den Atem an.

Er humpelt weiter und beginnt in einem hohen Ton zu schreien. Ich habe so etwas noch nie gehört, in einer Frequenz, die durch Mark und Bein dringt. Das Erscheinen dieses Mannes mit eingedelltem Gesicht, kaum mehr vorhandenen Lippen und Fingern, einer nur im Gerüst erkennbaren Nase schockt diejenigen, die zum ersten Mal einem von der Lepra verstümmelten Menschen gegenüberstehen. Der Alte schreit weiter – und er schreit so, wie wir uns vielleicht unseren letzten Schrei vorstellen. Aber er schreit vor Freude, vor freudiger Überraschung. Er wirft seine Gehhilfe zur Seite und wirft sich – ohne Rücksicht auf seine fragilen Knochen – in die Arme seiner Lebensretterin, die um einiges älter ist als er selbst. Wieder scheint die Zeit stehen zu bleiben.

Wir spüren: Auch für Ruth Pfau ist dies ein wichtiger, vielleicht sogar ein himmlischer Moment. Ein Moment, in dem auch sie etwas „überkommt", worüber sich kaum sprechen lässt. Später wird sie uns erklären, was sie unter „himmlisch" versteht: „Das Wesentliche für mich bleibt, dass ich meinen Ruf, hier zu leben, erkannt habe. Was nach dieser Zeit kommt, weiß ich nicht. Ich habe keine Vorstellung, wie dieser Himmel zu denken ist. Glück liegt immer in der Liebe. Insofern erwarte ich die Vollendung der Liebe, und da muss ich manchmal den Atem anhalten, wenn es mich überkommt. Das könnte eine Vorstellung vom Himmel sein. Ich erwarte, dass alle hier nicht zur Vollendung gekommenen Beziehungen sich oben vollenden, all unser vergebliches, schmerzhaftes Mühen umeinander, alle ansatzhafte Freude. Liebe hat für mich eine tiefere Dimensionen als das, was sich im Biologischen abspielt." Dass sich Ruth Pfau für den Ordensstand entschieden hat, hängt wohl mit dieser Grunderfahrung der Liebe zusammen. „Unser Bedürfnis nach Liebe kann nie ganz gesättigt werden. Haben wir nicht alle diese Erfahrung gemacht, dass die Liebe eigentlich nicht mehr in die endliche Dimension des Lebens passt?"

In der Begegnung zwischen dem Aussätzigen und seiner Ärztin ist ein Schlüssel zu diesem Verständnis von Liebe. Liebe und die Fähigkeit, sich der Vergeblichkeit auszusetzen, gehören für sie zusammen. Tränen und Engagement ebenso. „Wer keine Tränen in sich birgt, kann diesen Weg nicht gehen." Das sagt sie und davon ist sie überzeugt. Und dann zitiert sie die Zeilen eines Gedichts: „Wer es gesagt hat, weiß ich nicht mehr, aber ich habe die Zeilen nie mehr aus meinem Gedächtnis verloren:

> Was ist noch mein?
> Was ist noch dein?
> Erstickt rührt sich und schluchzend
> In der Kehle die dunkle Lust,
> nicht mehr zu sein."

Ruth mit ihrem Schützling Swadi, den sie vor über 40 Jahren ins Lepra-Dorf gebracht hat

Hier, durch eine solche Erfahrung, sagt sie ein anderes Mal, hier hat man vielleicht einen Ansatz zum Ordensgelübde: „Was mich am meisten fasziniert an diesem Gelübde, ist die Hingabe – Hingabe, die keine Grenzen kennt."

Wer weiß, wie viele Millisekunden die Welt ihren Lauf angehalten hat. Irgendwann jedenfalls kann Ruth Pfau den Mann, der so voller Hingabe in ihren Armen lag, nicht mehr halten. Sie lässt ihn sanft los und wendet sich uns zu: „Darf ich vorstellen, das ist Swadi", sagt sie. „Swadi ist ein alter Freund." Sie sagt dies mit dem Versuch, unbeteiligt zu wirken. Ihre Augen füllen sich mit Tränen, Swadis Augen hingegen strahlen: Die Frau ist da, die ihn vor fast vierzig Jahren aufgenommen und ihn zu einem respektierten Mitglied in der Lepra-Kolonie gemacht hat.

Der Kampf gegen Lepra

Der Weg in die Vergangenheit nach Pir Baba hatte unendlich lange gedauert, stundenlange Autofahrt auf abenteuerlicher Piste. Hier im Norden hatte Ruth Pfaus landesweiter Kampf gegen Lepra begonnen, diese Infektionskrankheit, die nicht nur Haut und Nerven befällt, sondern auch die Kranken in eine sozial verzweifelte Isolation treibt. Hier, an diesem Ort, vor mittlerweile vier Jahrzehnten. Die Pläne wurden in Karachi geschmiedet, wo Ruth Pfau auf das erste Aussätzigenlager mitten in der Großstadt stieß: „Die effektive Lepra- und damit letztendlich auch die Blindheits- und Tuberkulose-Bekämpfung begann hier. Nicht am Reißbrett, denn unsere Planung hat immer im Herzen angefangen, aber dann haben wir unsere Strategie nachgeliefert. Wir haben uns nämlich immer wieder überlegt, wie wir gegen die Lepra und ihre Folgeerkrankungen vorgehen wollen. Wo fangen wir an, wo hören wir auf, wo müssen wir zuerst hin? Staatliche Stellen konnten uns dabei nicht helfen, weil es keine Lepra-Statistik gab und auch die wenigen Mediziner des Landes kaum etwas über Lepra wussten.

Auf dem Weg in die Vergangenheit nach Pir Baba. Die erste Pause nach stundenlanger Autofahrt

Ich wusste ja auch nur wenig, deshalb wollte ich damals unbedingt nach Indien, um mehr über diese Krankheit zu lernen. Ich hatte schnell festgestellt, dass es unbedingt nötig war, gegen Lepra etwas zu unternehmen. Wer weiß, ob sonst jemand etwas dagegen unternommen hätte? Wir hatten dann die gute – zugegeben zufällige – Idee, die Landkarte Pakistans mit bunten Stecknadel-Köpfen zu versehen. Auf diese Art und Weise wurde für jeden von uns sehr schnell ersichtlich, wo der Brennpunkt der Lepra-Krankheit damals gelegen hat. Im Norden Pakistans. Also sind wir dann im Reisebus in den Norden aufgebrochen. Das waren verrückte Zeiten: Immer wieder mussten wir aus dem Bus aussteigen, weil die Brücken unser Gewicht nicht tragen konnten. Wir kamen hier in Pir Baba an und wir wussten, dass wir hier helfen mussten. So ist damals die Lepra-Station hier an diesem Ort entstanden."

Wir sind jetzt an diesem in der Geschichte des Kampfes gegen die Lepra nahezu historischen Ort Pir Baba. Und Ruth Pfau erinnert sich: „Swadi war einer meiner ersten Patienten. Auf meiner ersten Tour von Karachi in den Norden fand ich ihn ausgesetzt am Wegrand. Er hatte Lepra und wusste weder ein noch aus. Die Familie konnte seine Krankheit nicht mehr ertragen – und er sich selbst wohl auch nicht. Früher sind kranke Familienmitglieder einfach verscheucht worden." Ruth Pfau bestand schon damals darauf, dass es Grundregeln der Menschenwürde gibt, die nicht verletzbar sind. Und sie macht keinen Hehl daraus, dass sie hartnäckig und unerbittlich sein kann, wenn es gilt, für Menschen zu kämpfen und für deren Rechte einzustehen. Dazu gehört das Recht auf angemessene medizinische Versorgung, auf menschenwürdige Unterkunft, auf Bildung und auf Gleichberechtigung. Menschenliebe ist ihre Waffe in diesem Kampf. „Nur Liebe ist eine starke Triebfeder, und ich bin froh, dass ich auch in schwachen Zeiten immer wieder die Kraft finde, mich einzusetzen."

„Ich sage, dass diese Frau in den vergangenen Jahrzehnten das eigentliche Gewissen unseres Landes gewesen ist. Sie hat sich von keinem Gewehrlauf stoppen lassen und sie hat in viele solcher todbringenden Läufe geblickt." Einer aus der Gruppe von Lepra-Assistenten, die sich in der Gesundheitsstation des Lepra-Dorfes getroffen hat, weil Ruth Pfau und ihre Mitarbeiter eingetroffen sind, bringt es mit diesen Sätzen auf den Punkt. Ohne Swadis Wissen saß sie seiner Familie unerbittlich im Genick. Ihre Unerbittlichkeit zeigte Wirkung. Und darüber ist sie noch heute froh: „Es gibt viele Erfahrungen der Liebe im Leben. Dass ein Leben gelingt, dass eine Ehe heute einmal gut geht, dass die Gesetze im Kosmos ihre Gültigkeit behalten, dass nach einem heißen Sommer wenigstens ein kühler Herbst kommt: Das sind für mich sehr konkrete Erfahrungen der Liebe Gottes. Sie sind nicht selbstverständlich. Unser Leben ist in erster Linie nicht eine Geschichte der Bewährung. Schon zu der Zeit, als ich noch nicht getauft war, war mir klar, dass gelungenes Leben ein Geschenk ist."

Plötzlich wollten die Kinder Swadi zurück

Swadis Leben war nicht gelungen. Oder vielleicht doch? Macht er uns nicht Hoffnung, dass alles irgendwie schon weitergeht? Irgendwann kamen die Kinder und der Rest von Swadis Familie kleinlaut und wollten nur eines: den Vater zurück! Swadi aber hatte sich damals, vor mehr als vier Jahrzehnten, darauf eingestellt, dass er sein Leben allein im „Leprosity-Village" verbringen würde. Er zeigte sogar Freude darüber, dass er nun selbst keine Angst mehr haben musste, dass ihm weitere Finger abfallen würden.

Das Leprateam konnte das Fortschreiten der Krankheit stoppen, sein Überleben war gesichert. Und für Swadi selbst hatte schnell festgestanden, dass er sein Leben für sich allein, abseits der Familie leben wollte. „Weil er keinem zur Last fallen wollte, weil er nicht wünschte, dass die Menschen im Dorf seiner Familie mit dem Finger auf ihn und seine Angehörigen zeigen würden", erklärt uns Ruth Pfau seinen Entschluss, bei seinen Leidensgenossen in der Lepra-Kolonie zu bleiben.

Swadi blieb mehr als vierzig Jahre. Er lebte sich ein, er übernahm die Führungsposition als Dorfältester und kam auch mit der zunehmenden Erblindung klar, die so häufig bei Lepra-Patienten beobachtet wird. Das Wichtigste aber war: Swadi schmiedete Pläne. Er hat sich nie aufgegeben. Er hat an sich geglaubt – weil andere ihm Mut gemacht haben. Nach einer Weile arbeitete er wieder und wechselte in ein in Pakistan durchaus anerkanntes Fach. „Es blieb ihm ja gar nichts anderes übrig, als Bettler zu werden. Was für ihn den Vorteil gehabt hat, dass der sehr lose Kontakt zu gesunden Menschen wieder aufgebaut werden konnte. Swadi bettelte sich Woche um Woche einen kargen Lohn zusammen. Er „schaffte" das Überleben im Lepra-Dorf, und er weiß, wem er dieses Leben zu verdanken hat: „Doktor Pfau ist die wichtigste Person in meinem Leben. Ohne sie gäbe es mich und viele andere nicht mehr. Ohne diese Frau hätten wir alle die Hoffnung längst aufgegeben – so aber hat es auch für mich immer eine Zukunft gegeben."

Und dann erfahren wir eine der schönsten Geschichten, die ich je notieren durfte. Noch heute, viele Wochen später, ist mir Swadi so präsent wie nur wenige Menschen.

Die Heirat

Ein schwarzer Schatten huscht vorbei, eine Frau. Wir gehen ihr nach. Auf dem Friedhof hinter dem Lepra-Dorf holen wir sie ein. Aus der Haube flackern zwei geschädigte Augen. Sie blicken ins Leere. Der Frau fehlen Zehen, sie ist ebenso wie Swadi entstellt von der Lepra, ein Auge ist irreparabel von Blindheit geschlagen. Die Frau will weiter. Sie schreit. Dann sieht sie Ruth Pfau vor dem Friedhofstor winken, als Schemen wohl nur, und alle Hektik, alle Angst dieser Frau hört schlagartig auf. Das ohrenbetäubende Schreien, das der Dolmetscher und der Lepra-Assistent zuvor nicht hatten stoppen können, verstummt langsam. Der schwarze Schatten humpelt auf die Frau mit den ausgebreiteten Armen am Friedhofstor zu. Glücklich lässt sich die Unbekannte fallen, in diese offenen Arme, die sich ihr anbieten, als Sicherheit und Schutz vor aller Unbill. „Ach ja, das ist Sucha", kommt Ruth Pfau unserer Frage zuvor. Wir nicken Sucha zu, und Ruth fährt fort: „Sucha war gerade auf dem Weg zu ihrem Ehemann. Ihr wisst, wer das ist? Genau, Sucha ist die neue Ehefrau von Swadi."

Das muss ein paar Sekunden sickern. Swadi und Sucha, die große Liebesgeschichte im Dorf der Aussätzigen. Eine solche Geschichte kann sich nur das Leben ausdenken. Oder aber der, der unser Leben bestimmt. „Wunderbar, wenn der Herr so etwas Wunderbares geschehen lässt", auch Ruth Pfau ist sichtlich bewegt, als sie uns die Geschichte erzählt. Dass wir eine solche Geschichte hören würden, hätten wir zu Beginn unserer Reise nicht gedacht. Die Geschichte einer späten Wegkreuzung, die zur wundervollen Gemeinschaft zweier Lepra-Kranker wird, die im Alter von um die 70 beide zum ersten Mal die Liebe erfahren haben.

Lepra-Frau Sucha auf dem Weg zu ihrem Ehemann Swadi

„Die beiden haben vor kurzem von den Ersparnissen des tüchtigen und ehrenwerten Bettlers Swadi mit unserer Hilfe ein Stück Land in der Nähe der Lepra-Kolonie gekauft", erzählt uns Ruth Pfau. Swadi hat es geschafft, hier in relativer Würde alt zu werden. Er war anderen Kranken immer Vorbild und hat auch das Verständnis der Bewohner von Pir Baba für die Menschen im Lepra-Dorf sensibilisiert. Ausgerechnet hier entsteht eine unglaubliche Verbindung, und die Beziehung endet in einer Ehe. Die Eheleute, beide leprageschädigt, beide sehgeschwächt und entstellt, verlassen nach Jahren das Lepra-Dorf, um auf eigenem Grund und Boden in ein eigenes Haus zu ziehen. Wer jetzt noch immer nicht verstehen kann, warum und weshalb wir unsere Arbeit mit einem derartigen Engagement tun, der will uns vielleicht auch gar nicht verstehen."

Abends, am offenen Feuer, als wir gemeinsam mit den Lepra-Ärzten zusammensitzen, ist der Auszug der Liebenden aus dem Dorf der Aussätzigen noch immer ein großes Diskussions-Thema. „Natürlich werden sie zurechtkommen", sagt Lepra-Assistent Mullah. „Das ist doch gar keine Frage. Sie haben ja einander – und sonst hatten sie auch kaum jemand anderen außer uns. Und wir werden uns weiter um sie kümmern."

Kurz vor dem Einschlafen unter dem mit Sternen übersäten klaren Himmel denke ich lange über dieses kleine Glück nach, das Swadi und Sucha genießen, und auf das keiner zu hoffen gewagt hatte. Dass das Unglaubliche möglich wurde, macht uns allen Hoffnung.

5. Kapitel
Der lange Atem der Liebe

„Dort hinunter wären wir beinahe mit dem Bus abgestürzt, wir hingen mit den Vorderrädern schon über dem Abhang", erzählt Ruth Pfau. „Aber wir haben auch diese Situation gemeistert und in solchen Sekunden entsteht ein unglaublicher Teamgeist." Auf unserem Weg ins pakistanische Hinterland dringen wir immer tiefer ins Gebirge ein, die Straßen führen in immer höhere Höhen und werden immer schlechter. Mervyn Francis Lobo und Dr. Asfaq sitzen vorne, der Fahrer auch. Und ein Kameramann, der für zwei pakistanische Fernsehsender arbeitet, filmt uns beim Filmen und bei den Interviews. Die Präsenz des Kollegen aus Karachi bereitet uns und auch Ruth Pfau große Freude. Herr Bacqer strotzt vor Stolz, dabeisein zu dürfen und will alles über europäischen Journalismus erfahren. Er lehrt uns pakistanische Lieder und trauert seiner großen Liebe nach. Eine schöne Frau, die ihn liebte und die er heiraten wollte, lebt jetzt – ziemlich unfreiwillig – als Ehefrau eines reichen Arztes in Indien. Abends, nach Sonnenuntergang, wenn der volle Mond am Himmel steht, singt Bacqer Liebeslieder bis spät in die Nacht.

Am nächsten Morgen geht es weiter. Ein Mädchen steht am Straßenrand und hält die Hand auf. Ruth Pfau lässt den Wagen stoppen und wirft ein paar Münzen auf die Straße. Eine nahezu unwillige Geste, scheint es. „Ich halte nicht viel von Sozial-Romantik, sie macht mich eher wütend", sagt die Nonne jetzt: „Eigentlich lehne ich dieses Betteln ab. Wer seine Kinder zum Betteln auf die Straße schickt oder vor die Hütte jagt, wenn ein Bus oder ein Auto vorbeikommt, der wird dies immer wieder tun,

Zwei Direktoren, ein Gedanke: Mervyn Lobo (links) und Dr. Ashfaq

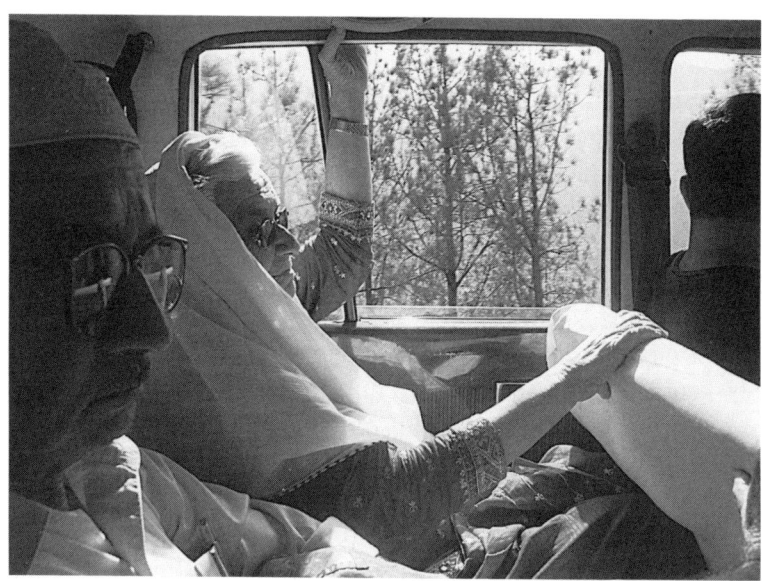
Szenen einer Reise – Helfen macht müde

wenn er sieht, dass das Kind mit Geld wiederkommt." Betteln ist Kinderarbeit. Kinderarbeit ist in Pakistan verboten, daher gibt Ruth Pfau Bettlern normalerweise nichts. Vielleicht ärgert sie sich ein wenig über sich selbst, dass sie es nun doch getan hat.

Wir werden von einem Jeep mit bis an die Zähne bewaffneten Soldaten begleitet. Sie winken uns zu, mit einigen reden wir ein wenig Englisch. Für die pakistanischen Elitekämpfer ist der Trip mit der berühmten Frau und den europäischen Gästen eine willkommene Abwechslung. Hier, hoch im Norden, weit weg von den großen Städten und der Zivilisation, leben Taliban und Al-Qaida-Mitglieder. Das sagen jedenfalls die Geheimdienste der westlichen Welt und das bestätigen auch die Pakistani. Man gewinnt den Eindruck: Fast alle sympathisieren mit den Zielen der Al-Qaida.

Die Ärztin Ruth Pfau selektiert Menschen nicht, auch nicht nach politischen Kriterien: „Für mich spielt es überhaupt keine Rolle, was ein Verletzter oder Kranker denkt. Ich helfe jedem." Das stereotype Gerüttel über fast weggespülte Straßen macht schläfrig, in diesem Zustand kommen die Erinnerungen an die Reisen von früher wieder. Geschichten aus Afghanistan, von Vergewaltigungen der Frauen, von den Gräueltaten der Taliban: „Damals, nach dem zweiten Weltkrieg, waren die einfachen Menschen die Verlierer. Jetzt, nach dem Bombardement Afghanistans und des Iraks, sind die einfachen Menschen wieder die Verlierer."

Sie selber hat den Weltkrieg in Deutschland erlebt: Sie erinnert sich an die Aufmärsche der Nazis und an die Diskussionen, ob ein Familienvater in den aktiven Widerstand gehen und die Entscheidung selber fällen dürfe und wenn er sich für „ja" entscheide, ob er damit wirklich Frau und Kinder gefährde. Als junges Mädchen hat sie die Menschen im Krieg verlieren sehen. Sie hat mitbekommen, wie Nachbarn und Freunde Vater und Mutter und Kinder, Brüder und Schwestern oder Großeltern verloren haben. Nach Kriegsende spürte sie den schmerzlichen Verlust eines Familienmitglieds am eigenen Leib: Sie verlor ihren Bruder, weil irgendein Medikament nicht mehr aufzutreiben war. Heute, mehr als ein halbes Jahrhundert später, sagt sie: „Ich weiß nicht mehr, woran genau mein Bruder gestorben ist. Er kam spät und als letztes Kind – ich kann mich nur daran erinnern, wie herzenskalt Deutschland nach dem Krieg war: dass das Wirtschaftswunder wichtiger war als die Nähe zu den Nachbarn, dass es damals das Ziel der Deutschen war, möglichst schnell an einen VW-Käfer zu kommen. Da blieb keine Zeit für Nächstenliebe."

Ruth Pfau konnte dieses Verhalten nicht mitvollziehen. Es ist schon bald 50 Jahre her, dass der angehenden Ärztin von einem ihrer Ausbilder in Marburg in einem Zeugnis bestätigt wurde: „In dem Bemühen, für alle Patienten da zu sein, opferte sich Ruth Pfau auf."

In dieser Zeit geschieht etwas Einschneidendes in Ruth Pfaus Leben. Zunächst wird sie in der evangelischen Kirche getauft, konvertiert dann aber zum Katholizismus. Studentenpfarrer Dr. Gerhard Koch teilt in einer beglaubigten Abschrift am 27. Juli 1953 mit, dass Fräulein Ruth Pfau „in Gegenwart von zwei Zeugen in die katholische Kirche aufgenommen worden" ist. „Die Aufnahme geschah in der Kapelle des Katholischen Schwesternhauses zu Marburg." Weil sie damals sowieso sehr unschlüssig gewesen sei, nicht wusste, wohin ihr Weg sie bringen sollte, da habe sie sich nun einmal für die katholische Kirche entschieden: „Ich habe den Papst damals als echte Instanz gesehen, an der ich mich orientieren konnte", erinnert sich Ruth Pfau. Autoritätsgläubig ist sie deshalb aber bis heute nicht.

Der lange Atem der Liebe

Gute fünfzig Jahre später gehen wir mit ihr über einen schmalen Weg in den Bergen im Norden Pakistans nahe der Grenze zu Afghanistan. Kampf-Bomber jagen über uns hinweg, aus der Ferne hören wir Gewehrfeuer. Der Fahrer unseres Jeeps hat uns wegen der Unwegsamkeit des Geländes vorsichtshalber für ein paar Kilometer zu einem Fußmarsch hinter dem Jeep her verpflichtet: „Zu gefährlich, die Randbefestigung könnte nachgeben." Dreißig Minuten später geht die Fahrt weiter.

Wieder erzählt uns Ruth Pfau eine von tausend Geschichten, die sie in den vergangenen Jahrzehnten erlebt hat. „Es ist schon viele Jahre her: Wie hatten gehört, dass dort oben irgendwo eine kranke Frau alleine dahinvegetieren sollte. Wir haben die Gegend abgesucht, weil wir nicht genau wussten, wo sie sich aufhielt. Irgendwann kamen wir tatsächlich an einem Haus vorbei, in dem wir eine Frau antrafen, die nahezu erblindet war und an Lepra in einem fortgeschrittenen Stadium litt. Ihr Mann hatte sie in den Stall zu der Ziege gesperrt. Die Frau ist vor Furcht fast verrückt geworden. Als wir sie mitnehmen wollten, blickten mein Assistent Mullah und ich auf einmal in eine Pistolenmündung, und der Mann hätte womöglich geschossen, wenn wir nicht verschwunden wären. Zum Glück trafen wir auf einen Polizisten. Mit ihm zusammen gingen wir sofort zurück. Dem Beamten war erkennbar mulmig zumute, er kannte die Bergbewohner nur zu gut. Ich aber wusste, dass wir nicht mehr viel Zeit hatten. Die Frau brauchte dringend medizinische Versorgung. Der Mann schien inzwischen ruhiger. Und plötzlich wurde mir klar, dass er nicht auf eine Frau aus dem Westen schießen würde. So war es auch. Wir haben ihm erklärt, dass wir seine Frau aus dem Stall holen würden, ganz gleich, was er täte. Er schwieg und wir brachten die Leprakranke auf unsere Station und konnten sie retten. Der Mann erschien später, erkundigte sich nach ihrem Befinden – und entschuldigte sich. Wir konnten die Lepra der Frau stoppen und auch ihre starken Sehbehinderungen beseitigen. Inzwischen hilft der Mann unserem Arzt manchmal bei der Suche nach Kranken."

Da ist es wieder – am Ende ihrer Geschichten, die in aller Regel gut ausgehen – das befreiende Lachen über die unmöglichen Wendungen, die so viele Ereignisse auf wunderbare Weise nehmen.

Für Mullah, einen treuen Weggefährten von Ruth Pfau, ist der Ausgang der Geschichte keine große Überraschung. In einem ausgezeichneten Englisch erklärt er uns seine Sicht der Dinge: „Was würdet ihr denn denken, wenn ihr einsam und allein, ohne medizinische Versorgung, ohne Schulbildung, ohne ausreichend Nahrung und Kleidung irgendwo tief in den Bergen lebtet? Keine Hilfe aus dem eigenen Land – und auf einmal steht eine fremde Frau vor euch und streckt die Hand aus, bietet ihre Hilfe an und will nichts dafür. Es ist doch mehr als menschlich, dass ihr beginnen würdet, diese Frau zu lieben und zu verehren. So ist es uns auch anfangs gegangen. Und wir wollten natürlich wissen: Was ist das für eine Frau, die aus einem fernen Land namens Deutschland kommt? Warum hilft diese Frau, die Ärztin ist und an den Gott der Christen glaubt und aus ihrem Land fort gegangen ist? Hätte dieses Land denn nicht auch die Hilfe einer Ärztin gebraucht? Wir sind dankbar – aber wir waren auch neugierig und wollten die Frau verstehen, die uns solche Dinge lehrt, der wir vertrauen, die uns eine Arbeit gegeben hat und die für uns da ist. Und sie ist nicht nur für ein paar Tage für uns da. Wir haben schon viele Menschen kommen sehen, die uns helfen wollten. Sie kamen, ließen Geld oder Lebensmittel hier, ließen sich feiern und sind dann wieder verschwunden. Aber diese Frau ist schon fast so lange hier, wie ich lebe. Sie kennt Pakistan besser als die meisten Pakistani – weil sie so viel im Land unterwegs ist und weil sie so viele Kontakte besitzt. Ihr seht, mir ist völlig klar, warum sie hier so einen großen Erfolg hat – ihre Liebe hat einen langen Atem."

Praxis in den Bergen

Während Mullah nicht müde wird, den Erfolg dieser Mutter Courage zu preisen, erreichen wir die Region von Tangora, irgendwo zwischen Islamabad und Peshawar. Wir stoppen vor einem kleinen Anwesen. Die Luft ist würzig, hier oben in einigen Tausend Meter Höhe gibt es keine Abgase. Ab und zu hören wir immer noch den Lärm der Kampfflugzeuge, die in Richtung Afghanistan fliegen. Wir gehen einen baumgesäumten Weg entlang zu einem kleinen, karg eingerichteten Gebäude.

Hier, tief drinnen in den Bergen, liegt die am weitesten entfernte Außenstelle von Ruth Pfau und ihren Leuten. „Meine Leute" ist ein zutiefst pakistanischer Begriff: Der und der, sagt Ruth

Der „Bergdoktor" Haji Nawab

Pfau dann, kümmert sich gut um seine Leute – oder eben nicht. Und dann wird sie wütend auf einen Regional-Prinzen: „Da hat es einen gegeben, der hat für seine Jagdhunde Krankenhäuser gebaut, aber für seine Leute, also für das Volk, für das er verantwortlich war, hat er nicht einmal das Geld für ambulante Versorgungsstellen übrig gehabt."

Umso wichtiger sind Menschen wir Haji Nawab. Er ist der für Lepra- und Augenerkrankungen zuständige Assistent, den wir hier besuchen. „Ich habe Patienten, zu denen bin ich zwei oder drei Tage unterwegs", erzählt er uns. „Wo die Berge sehr steil und die Baumwurzeln sehr üppig sind, nützen weder Motorrad noch Auto." Dafür wäre ohnehin kein Geld da. Er hat nur ein altes Moped, das er bisweilen benutzen kann.

Bei seinen Touren schaut Haji Nawab auch öfter bei einer Familie vorbei, die nur zufällig gerettet worden ist. Sultan, ein enger Vertrauter aus dem Pfau-Team und verantwortlich für diese Region, erzählt: „Berg-Bewohner berichteten uns, dass einige Kinder auffällige Hautrötungen hatten und dass sie Finger verloren haben. Wir wussten also, dass sich irgendwo in einem Zelt oder Stall der Tod versteckte. Wir haben gesucht und gesucht – aber die Quelle war für uns nicht zu orten. Das war schlimm, weil wir wussten, was das am Ende für die Menschen, die nahe der Lepra-Quelle lebten, zu bedeuten hatte: einen qualvollen Tod." Irgendwann, bei einem der Streifzüge durch die Berge, hatte er eine Eingebung. Er wies Ruth Pfau auf ein versteckt liegendes Dorf am oberen Ende eines Bergkamms hin, das von unten kaum zu erkennen war. Ruth Pfau hatte den Kopf geschüttelt: „Ich kann da in meinem Alter nicht mehr hoch." Aber Sultan konnte und fand eine dem Tod geweihte Familie: drei leprakranke Kinder, die langsam erblindeten, ihre dem Tod sehr nahe Mutter und ihren Vater, der bereits zu schwach zum Aufstehen war. Beide, der Vater und die Mutter, schienen dem kommenden Tod mit Erleichterung entgegenzuschauen. „Er hat die Situation völlig richtig eingeschätzt", sagt Ruth Pfau. „Damals stand ich von den Strapazen der Untersuchungs-Tage erschöpft am Fuß des Berges und wartete auf ihn.

Je länger ich gewartet habe, desto klarer wurde mir, dass er etwas entdeckt haben musste. Ich wusste noch bevor er schreiend den Berg wieder hinunter kam, dass er die Gesuchten gefunden hatte. Nur seine Hartnäckigkeit hat die Familie vor dem sicheren Tod bewahrt. Diese Geschichte hat Sultan einen vorzüglichen Ruf in der ganzen Region eingetragen – was wiederum ihn und unser Team motiviert hat. Aber bevor ich zu viel erzähle – ihr werdet schon noch sehen."

Heute sind wieder Dutzende Patienten zu der medizinischen Versorgungsstation gekommen, die meisten von weither. Natürlich wollen sich viele untersuchen lassen, aber einige kommen auch, um Ruth Pfau und ihrem Team ihre Aufwartung zu machen. Eine Patientin verliert jeden Tag ein wenig mehr ihr Augenlicht, die andere zeigt ihren von der Lepra attackierten Rücken – auch einige Tuberkulose-Patienten sind dabei. Erstaunlich die Gelassenheit, mit der diese Menschen ihr Schicksal meistern. „Die meisten Patienten freuen sich auf den Besuch in der Sozialstation. Denn sie wissen, dass es hier frisches Wasser und im Bedarfsfall auch etwas zu essen gibt – auf jeden Fall bekommen sie eine große Portion Nächstenliebe", sagt einer der Assistenten und übersetzt, was eine ältere blinde Frau auf unsere Frage antwortet: „Wenn die Assistenten von oder gar mit Frau Pfau in unsere Region kommen, dann ist für viele Feiertag. Dann lassen viele Pakistani die Arbeit ruhen, um ihre Freundin Frau Doktor zu besuchen."

Frau Doktor sitzt derweil inmitten einer Runde jüngerer Mädchen. Sie kichern schüchtern, als unsere Kamera zu surren beginnt. „Und du denkst bitte nächstes Mal an deine Unterlagen! Das ist wichtig für dich, aber auch für uns. Wie soll ich dir denn ohne Kranken-Akte helfen? Ich kenne dein Krankheitsbild doch nicht aus dem Kopf!" Ruth Pfau mahnt behutsam, und die Patientin will wissen: „Wann ist das nächste Mal, wann kommen Sie wieder zu uns? Dann kann ich mich schon jetzt freuen."

Nach der Sprechstunde ist der Ton der medizinischen Leitung heftiger. Ruth Pfau ist verärgert, weil Akten fehlen. Mit einer Patientin ohne Kranken-Akten zu reden, sei verlorene Zeit. So etwas

Ruth Pfau am Haus des „Berg-Doktors"

wolle sie „nie, nie, nie wieder erleben". Vielleicht liegt es an solchen Momenten, dass ihre Mitarbeiter Ruth Pfau bisweilen als „Diktatorin" bezeichnen. Auf unsere verwunderten Blicke hin erklärt sie: „Ich habe schließlich in Pakistan nur einen solchen Erfolg haben können, weil ich so organisieren kann, dass das Werk auch unter hiesigen Verhältnissen funktioniert."

Nach der Sprechstunde machen sich viele Patienten wieder auf den mühsamen Fußweg zurück in die Berge. Einige Frauen bleiben auf dem Grundstück, legen sich auf Strohballen oder füttern einige Ziegen. Für kranke Patientinnen ohne Angehörige oder Freunde, die sich um sie kümmern könnten, bietet Ruth Pfau hier – hoch oben in den Bergen – Schutz und Quartier auf unbegrenzte Zeit.

Für viele Frauen sind die Sprechstunden die einzige Gelegenheit, ungestört miteinander zu reden, sagt Ruth Pfau. Man setze sich zusammen, informiert sich, diskutiert. Und dann überrascht uns Ruth Pfau: Das sei eigentlich der richtige Weg, sagt sie. Und sie, die mit TV-Journalisten und Kameraleuten eigentlich nicht viel anfangen kann, spricht sich dafür aus, den Menschen in den ärmsten und abgelegensten Gegenden Fernseher zur Verfügung zu stellen – oder zumindest Radios – als Vehikel zum Vorantreiben der Emanzipation. Nachrichten, Reportagen, Diskussionen bedeuteten Informationen über die Welt da draußen – und würden früher oder später den eigenen Alltag in Frage stellen. „Das Problem ist nur", räumt sie ein, „dass es in weiten Teilen Pakistans keinen Strom gibt." Da wird der Fernsehbetrieb schwierig.

Abends machen wir einen Spaziergang zu dem Haus einer Familie, mit der Ruth Pfau ebenfalls eine besondere Beziehung verbindet. Vor dem langgestreckten Bau, der im Talkessel liegt, begrüßt uns der Familienvater. Ruth Pfau erzählt uns die Geschichte des Mannes. „Wir haben zufällig festgestellt, dass die ganze Familie an Lepra erkrankt war. Die Quelle war der Vater. Dem war die Geschichte hochpeinlich, er zog sich zurück – aber wir haben den Krankheitsherd noch rechtzeitig lokalisiert und konnten so alle retten." Was Ruth Pfau besonders freut: Die beiden Töchter qualifizierten sich für weiterführende Schulen. „Die Älteste geht sogar zur Universität und will Lehrerin werden. Bei dieser Biographie bekommt sie sicher eine Stelle." Die beiden Söhne haben mittlerweile die Stadt Wary verlassen und in Saudi-Arabien ihr Glück gemacht. Sie schicken jeden Monat Geld und haben gemeinsam mit dem Vater ein schönes Haus zwischen den Felsen gebaut.

Zum Abschied winken alle der Frau nach, die das Schicksal der ganzen Familie auf wunderbare Weise zum Guten gewendet hat.

6. Kapitel
Begegnung mit dem blinden Bettler

Gemeinsam mit Haji Nawab besuchen wir einen weiteren Patienten im Tal. Die Menschen hier teilen ganz selbstverständlich mit Besuchern das Wenige, das sie haben. Und so haben wir blitzschnell eine Tasse in der Hand, sitzen zusammen und unterhalten uns. Plötzlich hören wir ein seltsames Geräusch und drehen uns alle um: Ein Blinder nähert sich und schlägt zur Orientierung zaghaft mit seinem Stock auf den Boden. Plötzlich scheint er erregt: Er schlägt immer schneller auf den Boden. Tok, tok, tok. Und ohne jeden Umweg nimmt er Kurs auf Ruth Pfau. Sie nimmt ihn bei der Hand. Ein Lächeln auf seinem Gesicht, das wie verwandelt wirkt. Er spürt, dass er in diesem Moment mehr ist für Ruth Pfau als ein Patient: Ein Bruder, ein Mensch, um den sie sich sorgt. Wir spüren: Sie taucht ab in eine andere Welt. Auch jetzt wieder. In diesem Augenblick gibt es für sie kein Essen und keine Kamera und keine Reporter und keine wartenden Fahrer. Es gibt für sie nur diesen einen Menschen, um den sie sich jetzt kümmern muss. Der Mann spricht. Es hört sich an, als würde er in Trance reden. Was uns der Übersetzer sagt, macht uns sprachlos. Nach einem schweren Autounfall hatte man ihn tagelang bei seinen Eltern aufgebahrt. Ein Arzt gab ihn nach drei Tagen auf: „Der ist tot, begrabt ihn." Auf dem Weg zum Friedhof schlug er die Augen auf. Die Trauergemeinde schrie entsetzt auf. Er lebte – aber er konnte nichts mehr sehen und kaum sprechen. Zu schwer waren die Hirnschädigungen. Irgendwann verließ er seine Heimat. Er hat überlebt durch die Freundlichkeit von Fremden. Hier eine Schale Reis, dort ein wenig Obst.

Und irgendwann hat auch er von Ruth Pfau und ihren Ärzten gehört. Es ist wie immer. Wo wir auftauchen – im Nu versammeln sich die Menschen. Die Nachricht verbreitet sich wie ein Lauffeuer. Dem blinden Mann hatten sie bei seinem Marsch auf der Straße zugerufen, dass „sie" da sei. Den Rest hat der Blinde selber erledigt. Ruth Pfau streichelt ihm über den Kopf. Viel mehr kann sie nicht machen. Die Diagnose nach der Untersuchung ernüchtert die Umstehenden. „Ich glaube, wir können hier mit unseren Möglichkeiten nicht helfen. Aber ein anderer Arzt hat ihm gesagt, dass es eine ganz bestimmte Operationsmethode gebe. 5000 Rupies soll das kosten. Die Summe hat der Mann natürlich nicht. Wir werden dem nachgehen, und wenn es doch Sinn ergeben sollte, werden wir das Geld ganz sicher irgendwo auftreiben."

Der Wert des Lebens

Leben gegen Geld, das ist es, was Ruth Pfau so furchtbar aufregt. Die Menschen haben hier kein Geld, müssen sie deshalb sterben? Ich selber hatte ein paar Monate vor der Reise nach Pakistan einige Wochen tief im Himalaya zugebracht. In einem „Krankenhaus des Lichts" operiert der deutsche Augenarzt Albrecht Hennig an einem Tag fast 300 blinde Menschen, die am Grauen Star leiden. Eine Krankheit, die in dieser Region sehr verbreitet ist: Die Linse ist lichtundurchlässig. Natürlich haben auch die Menschen dort kein Geld für eine Operation. Wie immer: Es sind in aller Regel nur einige Schnitte – für den Patienten entscheiden sie aber über Leben und Sterben.

Auch Ruth Pfau weiß: „Blinde Menschen haben in diesem Land nur wenig Chancen zum Überleben. Blinde Kinder fast gar keine." Die Bevölkerungszahl in Pakistan nimmt rapide zu. Schon Gesunde haben Probleme, den Alltag zu organisieren. Wie sollen da Blinde überleben? Sie können sich kein Essen verdienen, sie sind nicht in der Lage, einen Beitrag am Familieneinkommen zu leisten.

Der blinde Bettler im Gespräch mit Ruth Pfau

Ich muss an eine Begegnung mit der österreichischen TV-Moderatorin und Buchautorin Chris Lohner denken. Nie werde ich vergessen, wie wütend sie wurde, als ich ihr von dieser Geschichte aus dem Himalaya erzählte: „Bitte, was sind 30 Euro, wenn man damit nicht nur ein Augenlicht, sondern ein Menschenleben retten kann? Die Leute sollen nicht auf ihren dicken Hintern sitzen bleiben, sie sollen etwas für andere Menschen tun." Als ich Ruth Pfau von diesem Wutanfall und von Chris Lohners Engagement erzähle, nickt sie: „Wir bräuchten mehr solcher Menschen, die für ihre Überzeugung auch auf die Straße gehen. Sie bewegen etwas in dieser Welt."

Ruth Pfau selbst bewegt etwas. Nicht nur in Pakistan, ihre Kontakte ziehen sich quer durch Europa. In der Schweiz spenden viele Menschen seit Jahrzehnten Geld, in Paris beten Ordensschwestern in Klöstern für ihre Mitstreiterin, und in Deutschland und in Österreich besitzt Ruth Pfau auch unzählige Freunde. Einige richten ihr jetzt sogar in Münster ein Museum ein.

Ob es den Menschen, die sie zum ersten Mal trafen, auch so gegangen ist wie mir? Es ist noch gar nicht so lange her, da kam sie nach Österreich und Deutschland, um zu erzählen, was in Pakistan passiert. Und natürlich auch, um Spenden zu sammeln. Obwohl sie aus ihrer Abneigung gegen Journalisten gar kein Hehl machte, führten wir berührende und spannende Gespräche. Und ich war nicht der Einzige, dessen Leben durch die Begegnung mit ihr in eine bestimmte Richtung bewegt wurde.

Für den Blinden, den wir heute trafen, wendet sich das Schicksal. Ruth Pfau nimmt den Mann in ihr Hilfs-Programm auf. Er bekommt Untersuchungen, vielleicht klappte es auch mit der Operation. Wenn sie keinen Erfolg hat, wird er sich weiter mit seinem Stock durchs Leben tasten müssen. Aber fortan mit der Gewissheit, dass er neue Freunde gewonnen hat und dass sie ihm seine Würde zurückgegeben haben.

Die Würde des Menschen ist unantastbar – schön, dass so etwas in unserem Grundgesetz steht. Aber wie sieht es mit der Würde der Menschen bei uns aus, wenn Schwarze gejagt und gehetzt, Wohnungslose getreten und verjagt werden? Oder wenn unsere Alten zum Sterben ins Altersheim gebracht werden, wo sie sich oft wund liegen, manche tagelang nicht gewaschen werden? Was ist da mit der Würde? Dutzendfach habe ich als Reporter solche Geschichten erzählt. Auch die, dass sich irgendwann Krankenschwestern oder Pflegerinnen daran gemacht haben und sicherlich weiter daran machen werden, Leben zu beenden.

Die Würde der Menschen: Darum geht es Ruth Pfau vor allen anderen Dingen. Wie bei diesem leprakranken, blinden Pakistani: Entstellt und ohne Augenlicht – so kam er zu Ruth Pfau. Wie die Geschichte weiterging? Sie wusste, dass die Chance klein war, aber sie wollte alles tun, was möglich war. Sie bettelte bei allen Augenärzten, die sie kannte, eine Operation zu wagen. Alle sagten nein, bis sie zu dem alten Haudegen Doc Cowley kam. Der britische CBM-Arzt mit dem Herz auf dem richtigen Fleck, der schon Tausenden Menschen das Augenlicht zurückgegeben hatte. Cowley reagiert cool: „Blind ist er ja – und blinder als blind geht nicht. Was soll da also groß schief gehen?", und er wagte den Versuch. Nach unseren europäischen Vorstellungen – und nach den Kriterien der WHO-Meinung – glückte die Operation nicht. Ruth Pfau sieht das aus einer anderen Perspektive: „Aber schemenhaft sehen konnte der früher stockblinde Leprakranke doch wieder. Und das war Grund genug für uns zur Freude." Einige Tage nach der Operation umarmte dieser Patient Ruth Pfau: „Ihr habt mich wieder zu einem Menschen gemacht. Ich kann endlich allein auf die Toilette gehen und ich habe seit Jahren wieder einmal eine warme Mahlzeit gegessen. Ich bin so dankbar."

Es geht um die elementarsten Dinge. Dieser Mann kann wieder allein auf die Toilette gehen – und er hat seine Würde wieder.

Die Würde des Menschen ist unantastbar.

7. Kapitel
Wie erkenne ich Al-Qaida-Kämpfer?

Erbarmungslos drückt der Ventilator unter der Decke des OP-Raums die Luft auf die Strohmatten. Ein paar Stunden Ruhe vor all den neugierigen, lieben, und wie überall sehr um Gastfreundschaft bemühten Ärzte, Assistenten und deren Familien. Eine echte Garten-Idylle haben die Frauen auf der Station für die Bekämpfung von Blindheit, Lepra und Tuberkulose hier in Wary geschaffen. Wir befinden uns tief im Norden Pakistans. Jeden Tag verstehen wir die Menschen etwas besser – aber ganz werden wir sie wohl nie verstehen. „Es gibt Dinge in diesem Land, die begreift man sofort. Manche dauern etwas länger – oder man begreift sie nie", sagt selbst Ruth Pfau mit Rückblick auf die Jahrzehnte ihres Lebens unter dem Hindukusch.

Es ist nicht nur die andere Kultur. Es gibt Dinge, die nicht mit Pakistan zusammenhängen, die selbst sie bis heute nicht versteht. Darum führt die Frau, die so viel weiß, auch ihre „eschatologische Liste". In dieser Liste stehen Begegnungen, Begebenheiten und die Fragen, auf die es bis zum Ende eines langen Weges keine Antworten gegeben hat. Wozu sind Kriege gut? Warum existiert noch immer die ungerechte Umverteilung auf der Erde? Warum gibt es arm und reich? Warum kümmert es nur wenige, wenn sich ein achtfacher Familienvater umbringt, weil er seine Kinder nicht mehr satt bekommt? Warum hat er nicht vor seinem Selbstmord daran gedacht, dass es nun überhaupt keine Chance mehr geben wird, seine Kinder satt zu bekommen?

„Meine tiefsten Fragen hängen alle mit dem Leid unserer Existenz zusammen. Ich finde das Leben so oft wirklich verstörend und

empörend. Ich habe so viel Leidvolles erfahren, das ich nicht in mein Unterbewusstsein verdrängen mag, sondern lieber auf meine eschatologische Liste setze. Ich habe den größten Teil meines Lebens in existentielle Erfahrungen investiert. Ich habe aber durchaus den bleibenden Wunsch, dass ich das alles noch einmal intellektuell einholen und am Ende ‚wissen' werde."
Sie erzählt ein Beispiel von einem Afghanen auf der Krankenstation, der schwerhörig ist. Man kann den Ausfall mit einem Hörgerät nicht ausgleichen. Aufgrund des Nervenbefalls mit Lepra kann er auch nicht fühlen. Jetzt hat er eine Augenkomplikation hinzubekommen. „Was, wenn wir diese nicht zum Stillstand bringen können, wird er in absehbarer Zeit auch erblinden? Was macht der Mann dann? Er ist lebendig begraben, er hat keine Möglichkeit, mit der Umwelt in Verbindung zu treten. Wenn mein Leben am letzten Tag im Zusammenhang sichtbar wird, wenn sich die Fäden, die wir geknüpft haben, zum Bild zusammenfügen, dann wird auch die Frage nach diesem Afghanen anstehen." Sie stellt aber auch ihre „letzten Fragen" nicht aggressiv: vielleicht wird es auch gar keine Fragen mehr geben, weil die Antworten schon in der Vollendung mit eingeschlossen sind, weil man sie in einem ganz anderen, nie gehörten und nie gewussten Zusammenhang sieht." Die Fragen sind nur aufgeschoben, später, wenn das Leben nach dem Tod weitergeht, dann wird Er antworten.

Auf eine Frage allerdings kennt Ruth Pfau nur eine Antwort: Gäbe es Menschen, denen sie nicht helfen würde?

Fragen dieser Art regen sie auf.

Die Al-Qaida ist überall

„Was ist, wenn ein bewaffneter Mann vor dir steht, den wir bei uns zu Hause Al-Qaida-Kämpfer nennen würden? Er ist verletzt und er droht, dich zu töten. Hast du Vorbehalte?" Ihre Antwort, ohne Zögern: „Natürlich – aber ich würde helfen." Natürlich würde der Mann sie nicht bedrohen, wenn sie ihm helfen solle. Krieg sei immer ein Verbrechen an der Menschheit. Vor allem an Frauen und Kindern, an den Armen, die noch ärmer werden, und den Schwachen, die noch schwächer werden. Also stelle sich die Frage eigentlich gar nicht. Genauso, wie sich die Frage nach der ethnischen Herkunft doch eigentlich bei uns in Europa auch nicht stellen sollte: Ist dieser oder jener möglicherweise ein Jude? Es gibt keine guten Juden oder schlechten Juden, es gibt nur gute Europäer oder schlechte Europäer. „Außerdem ist die Frage merkwürdig, denn schließlich bin ich doch Ärztin, und in Deutschland oder sonst wo behandeln Ärzte doch auch Verletzte. Gut oder böse, das sollte jedem Arzt ganz gleich sein. Mir ist es das jedenfalls."

So ganz egal ist uns das mit Gut oder Böse allerdings nicht, denn immerhin sind wir hier ganz tief im Norden an der afghanischen Grenze – und da sitzen auf jeden Fall Tausende von Taliban, und ganz bestimmt auch Vertreter jener Gruppe, die nach westlichem Sprachgebrauch „Al-Qaida" heißt. Unser neuer Freund aus dem Team von Ruth Pfau, Mervyn Francis Lobo, lässt bei den vielen Diskussionen keine Gelegenheit aus, um uns die Sichtweise der Pakistani näher zu bringen: „Ehrlich gesagt existiert dieser Ausdruck wirklich nur auf dem Papier. Denn wenn ihr mal fragen gehen würdet, was ihr besser nicht tut, dann sagen die Leute nicht nur hier im Bergland des Nordens: ‚Al-Qaida, das sind doch wir. Wir alle.'" Und dann sagt einer der Assistenten aus Wary etwas, das uns die ganze Reise nicht aus dem Kopf gehen sollte: „Ihr habt uns doch jetzt schon viele Tage begleitet. Ihr habt gesehen, welche Leute wir behandeln. Ist euch denn gar nicht aufgefallen, dass wir hin und wieder Männer behandelt haben, die misstrauisch schauten, als sie euch gesehen haben? Nein? Dann überlegt mal, wie die Amerikaner diese Männer wohl nennen würden und was sie mit ihnen machen würden, wenn sie sie hätten."

Darüber grüble ich an diesem Abend noch lange nach. Sollten wir einem Al-Qaida-Mann nah gewesen sein? Wie hätten wir ihn erkennen können? Wenn wir mit einem zusammen in einem Raum gewesen sein sollten – wir haben wirklich keinen Al-Qaida-Mann erkannt. Wir haben nur Menschen gesehen. Menschen, die Hunger und Durst haben, die blind oder behindert sind. Menschen mit einem „Al-Qaida-Mal" haben wir nicht gesehen. Wie auch? Ich denke immer noch darüber nach, als ich mich spät in der Nacht für einen Schlafplatz im Behelfskrankenhaus entscheiden muss.

Eine unruhige Nacht

Langsam döse ich nach einem unendlich mühsamen Tag in den Schlaf hinüber. Gedanken an landende Hubschrauber, Erinnerung an gefährliche Momente bei Reportagen in nicht befriedeten Gebieten. Aus den Bergen rattern monoton wie so oft die Kalaschnikows immer wieder um die Wette. Dieser Gleichklang der MPs von weit her und die geräuschvollen langsamen Drehungen der Rotoren an der Decke harmonisieren das Bild und schenken – so merkwürdig es klingen mag – ein wenig Frieden in einem dem Krieg so nahen Gebiet.

Plötzlich befindet sich der Krieg in dem kleinen Berg-Hospital. Schreie, aufblitzende Taschenlampen, gezogene Pistolen: Schwer bewaffnete Grenzpolizisten aus der Stadt stürmen im Dunkeln in die Krankenstation. Zum Glück handelt es sich nur um eine Passkontrolle um Mitternacht. Ein großer Polizist kniet neben meiner Matratze und bellt los. Keine Ahnung, was er will. Misstrauisch beobachtet er jede meiner Bewegung. Ganz langsam ziehe ich meinen Reisepass, und der Aufdruck beruhigt den durchtrainierten Mann, der hier und jetzt für *law and order* zuständig sein will. „Ah Dddscherrrrmannn", sagt er. „Dscherrrrmannn o.k.!" Die gezogene Pistole verleiht seiner Aussage Gewicht. „Dscherrrmann – gut!" Den armen Kollege Meyer wecken die gut ausgestatteten Sicherheitskräfte ebenfalls unsanft. Auch er ist ein „Dscherrrrmann!" – und damit selbstverständlich ein „guter Mensch".

Kaum ist der deutschfreundliche Polizist zu meiner großen Freude in Richtung Tür gegangen, da brüllt er plötzlich wieder los und zieht aus seinem Gürtel ein langes Messer. Ein Kollege eilt herbei, Taschenlampen blitzen auf, der Strom ist ausgefallen, dann sehe ich im matten Lichtschein ein Messer aufblitzen. Zweimal saust die Klinge durch die Luft. Dann Stille – ein Polizist leuchtet auf den Boden des Operationsraums. Und da liegt sie: eine giftige „Baby-Kobra". Die Aufregung bei den bewaffneten Männern nimmt nicht ab. Wieder leuchten Taschenlampen auf, die Polizisten rufen Verstärkung und suchen den Campus ab. Wegen der Sprachschwierigkeiten bekommen wir erst ein paar Minuten später mit, dass die kleine Schlange auf dem Weg zu unserem Schlafgemach war. Wir müssen den mit ausgezeichneten Reflexen ausgestatteten Polizisten dankbar sein. Doch das ist den Männern in diesem Moment ganz gleichgültig, denn in den Reihen der Sicherheitskräfte hat sich die hobbybiologische Ansicht durchgesetzt, dass ein Baby wie dieses nie ohne die Mutter ausschlängelt. „Wo ein Kind ist, da ist die Mutter nicht fern!" Jetzt suchen die Männer nach weiteren Schlangen auf dem Gelände.

Gefunden haben sie zwar nichts, aber ich zog es dennoch vor, in der Nacht auf dem OP-Tisch zu schlafen. Erfolglos zogen die Jäger tief in der Nacht wieder ab, nicht ohne uns noch viel Glück zu wünschen.

Am kommenden Morgen ist klar, dass ein Ereignis aus mehreren Perspektiven beleuchtet werden kann. Ruth Pfau grollt: „Warum haben sie diese kleine Schlange erschlagen? Das hätte nicht sein müssen – die haben keinen Respekt vor einem Leben." Sie lässt unseren Einwand nicht gelten, dass die Gefährlichkeit einer Schlange, nach allem, was man so wisse, nicht unbedingt proportional mit ihrer Körpergröße einhergehe. Stärker könne man auch das Argument bewerten, dass die Mutter eines Schlangen-Babys nie weit entfernt sein könne. Bevor wir aufbrechen, sagt Ruth Pfau den Sicherheitskräften recht deutlich, was sie von der nächtlichen Aktion hält.

Schwer bewaffnete Polizisten eskortieren uns auch in die unwegsamsten Gebiete. Die Frage, ob die trainierten Männer mehr Respekt vor dem Zorn der im ganzen Land berühmten kleinen Frau aus „Dscherrrrmanie" hatten oder vor einem möglichen Angriff von potentiellen Entführern, die aus dem Hinterhalt heraus Be-

Polizeischutz für Ruth Pfau und ihre Entourage

wacher exekutieren, um Offizielle oder Reisende von Non-Profit-Organisationen als Geiseln zu nehmen, können wir während der Fahrt nicht klären. Ein Mann mit Fernglas beobachtet die Umgebung, die Kollegen legen sich ihre Waffen griffbereit auf die Oberschenkel: „Vor kurzem sind hier Polizisten getötet und UN-Mitarbeiter bei einem Schusswechsel verletzt worden, darum werden wir so sehr beschützt", sagt Ruth Pfau, als wir an dem „Tatort" vorbeifahren. Eigentlich habe man offizielle Vertreter der Regierung entführen wollen, als jedoch überraschend Verstärkung von einer Polizeieinheit aus den Bergen gekommen sei, seien die Angreifer geflohen.

Aufgrund solcher Vorfälle erschien es uns im langwierigen Planungsstadium unserer Reise in das vom Terror gebeutelten Pakistan nahezu unmöglich, mit den notwendigen legalen Papieren in die Gegenden des Nordens an die afghanische Grenze oder gar nach Belutschistan zu gelangen. Zu viel war in dieser Region passiert, und Freunde vom Bundeskriminalamt mit Pakistan-Erfahrung als Botschaftsschützer und Bundesnachrichtendienst hatten abgeraten, sich als europäischer, journalistischer Begleiter in diese Landstriche vorzuwagen. Natürlich sei es ein großer Vorteil, dass Deutschland „Nein" zum Irak-Feldzug von George Bush gesagt habe, aber dennoch: „Im Norden sitzen garantiert Tausende von Taliban und Al-Qaida-Mitgliedern, und deren Geschäft ist es nun einmal, Ausländer, aber auch reiche Pakistani, zu entführen. Also bleibt da auf jeden Fall weg!" So oder ähnlich lautete der Rat der Anti-Terror-Experten. Wir haben es trotzdem gewagt. Schließlich wollten wir eine Frau begleiten, die in vielen Teilen des Landes den Ruf „unsere Mutter Teresa" besitzt, auch wenn sich Ruth Pfau diesen Vergleich verbittet. Aber: Wer vergreift sich schon an einer Frau, die der Bevölkerung Linderung und Heilung bringen will, oder ihren Begleitern?

Und sie kennt die Menschen dieser Region wirklich seit vielen Jahrzehnten. Sie erinnert sich, dass damals nicht jeder gewusst habe, was denn so ein Jeep sei oder wie ein Jeep aussehe, aber was man mit einer Atombombe habe anstellen können, sei den armen Menschen in den Bergen sehr früh bewusst gewesen. Während des monotonen Schaukelns auf den staubigen Hügelpisten geleitet eine Art Trance die Gedanken leicht zurück in die Vergangenheit. „Früher dauerten die Fahrten in diese Provinzen mit dem Bus eine halbe Ewigkeit. Das, was wir damals hier aufgebaut haben, hat viele Mitglieder der Regierung nicht interessiert. Wir haben für die Menschen tief in den Bergen medizinische Behelfs-Krankenhäuser, unsere Außenstationen, geschaffen. Heute interessieren sich allerdings viele Politiker für unsere Arbeit in diesem Gebiet."

Es geht weiter. Vorbei an Frauen in ihren bunten Gewändern an den Straßenrändern. Die Pakistani drehen sich zur Seite, wenn ein Fahrzeug sie passiert, und dann flattern die farbenfrohen Tücher der Frauen im Wind. Hin und wieder trägt eine Brise den schweren Duft von Patchouli zu uns herüber. Etwa ein Kilometer entfernt sehen wir auf einem Hochplateau ein farbenfrohes Feld in hoher Blüte. Dort wächst Opium heran. Natürlich ist der Anbau auch in Pakistan offiziell verboten, aber die Gesetzeshüter in der Hauptstadt sind weit weg. Jedenfalls grinst unser Bewacher, als wir ihn auf das Feld und den betörenden Duft aufmerksam machen. „In dieser Region machen die Drogenbarone viel Geld mit Opium", erklärt Ruth Pfau. „Aber wer kümmert sich schon wirklich um illegale Rauschgiftfelder? Die Menschen haben hier doch ganz andere Probleme, sie kämpfen um ihr Überleben und das ihrer Familie." Das größte Problem der Menschen in den nördlichen Provinzen ist die medizinische Versorgung. Es gibt nahezu keine Ärzte. Besonders dramatisch ist die Lage für die Menschen, die von Blindheit bedroht sind. Tief in den Bergen, in den unwegsamen Gebieten Pakistans, in denen häufig noch das Faustrecht gilt oder die Männer die Blutrache praktizieren („Seit es Maschinenpistolen gibt, artet Blutrache häufig zu Massenmorden aus."), gibt es so gut wie keine Augenärzte. „Eine Millionen Menschen, ein Augenarzt" – so heißt die für diese Region gültige Formel.

Vitamin-A-Verteilung

„Es gilt das Übel an der Wurzel zu packen." Gemeinsam mit der Christoffel-Blindenmission hat Ruth Pfau ein Vitamin-A-Programm aufgelegt. Auch wenn sie das als Routine-Maßnahme bezeichnet, sie ist die einzige, die sie systematisch und konsequent durchführt. In den Genuss dieser präventiven Maßnahmen kommen Babies und Kinder – also die Zukunft des Landes. Johannes Trimmel, der Wiener Projekt-Koordinator, ist fasziniert von der Logistik, die diese in den Armutsgebieten der Erde so schwer realisierbare Maßnahme begleitet: „Damit eine solche Maßnahme auch wirklich funktioniert, müssen viele Mechanismen wie Zahnräder ineinander greifen. Die Erfahrung unserer Fachorganisation, die eng mit der WHO zusammen arbeitet, zeigt, wie schwierig es sein kann, solche Programme zum Laufen zu bringen. Es reicht eben einfach nicht, Vitamin-A-Tabletten nur in einem Land anzuliefern. Man

Mit Vitamin-A-Kapseln aus Österreich wird pakistanisches Mädchen vor Blindheit geschützt

braucht Menschen wie Ruth Pfau und ihr Gesundheitsteam, damit die Vitamin-A-Pillen dort landen, wo sie gebraucht werden – nämlich bei den Kindern." Und dort kommen die das Augenlicht rettenden Tabletten gemeinsam mit Mullah, Samson, Rachid und wie die Assistenten und Ärzte aus dem Team von Ruth Pfau alle heißen, auch an.

Eine der betreuten Schulen ist unser nächstes Ziel. Die Kinder warten schon gespannt auf die fremden Gäste, die mit kleinen, aber so kostbaren Geschenken kommen. Sofort geht Ruth Pfau auf ihre kleinen Patienten zu. Artig stehen die Kinder in Reih und Glied. Manche singen, viele sind neugierig, weil die Kamera läuft. Einige Kinder geben Interviews. „Wenn Frau Doktor kommt, dann haben wir einen Tag schulfrei und wir bekommen immer etwas Besonderes zu essen", freut sich ein kleiner Junge über den hohen Besuch. Was diese Tabletten eigentlich bewirken sollen, wissen die Kinder nicht. Vielleicht ist es auch gar nicht so wichtig.

Hauptsache, diese Frau ist da. Das wäre bei uns ähnlich. Wie haben doch das geniale Schreiber-Zeichner-Duo Goscinny und Sempé nach der Erfindung ihrer Kultfigur „Der kleine Nick" einmal gesagt: „Der kleine Nick und seine Freunde sind Lausbuben, wie es sie in jeder Schule in jedem Land überall auf der Welt gibt. Kinder sind überall auf der Welt gleich. Sie sind glücklich, wenn wir nett zu ihnen sind." Die Frau, die heute vorbeikommt, ist Ärztin. Manche wissen das. Es interessiert sie aber nicht. Für sie ist wichtig, dass sie so lieb mit ihnen spricht, ihnen über den Kopf streicht und selber einige der kleinen runden Pillen aufbricht und den Kindern die Flüssigkeit sorgsam in den Mund laufen lässt. Das ist sehr listig, denn pakistanische Kinder unterscheiden sich nicht von all den anderen Kindern auf diese Welt. Viele spuckten sonst die Tabletten wieder aus oder täten so, als schluckten sie sie, um die Vitamin-A-Spende später irgendwo fortzuwerfen. So aber schlucken sie den flüssigen Inhalt hinunter – er schmeckt so schlecht nicht – und sie haben auch noch großen Spaß dabei. Ruth Pfau scherzt, sie nimmt die Kleinen in den Arm, sie erklärt, sie ermutigt. Es ist wie bei einem großen Fest. Die Assistenten freuen sich über die Kinder und über eine lockere und gelöste, über eine stressfreie Chefin, über eine lockere „Mutter", die sonst so wie viele andere „Mütter" auf der Welt auch sehr streng sein kann, und die Kinder freuen sich darüber, dass sich die Erwachsenen freuen. Die meisten Schüler können es gar nicht mehr abwarten, bis sie endlich die Flüssigkeit aus der Tablette schlucken dürfen. Ach, wären Schultage doch immer so schön! Ruth Pfau lacht – ein ein wenig erschöpftes Lachen. So als hat man mit Freunden gerade um die Wette geschwommen und klatscht gleichzeitig am Beckenrand an. Auch an dieser Schule haben alle gewonnen. Ihr „Atschatschatscha" klingt diesmal nach Entzücken. Ruth Pfau strahlt – und will weiter.

Kaum verlassen wir die lachenden Kinder und sitzen wieder im Jeep, wird die Miene strenger. Sie ist ganz bei der medizinischen Sache. Wir sind auf dem Weg zu einer Familie mit drei Kindern unter zehn Jahren: „Unser Programm funktioniert so, dass wir die

Schüler bis zehn erfassen und die Schulen in einem bestimmten Rhythmus anlaufen. Dort verabreichen wir natürlich nicht nur die Vitamine, wir untersuchen sie auch auf ihren allgemein-medizinischen Zustand, dann konzentrieren wir uns auf Augen-Untersuchungen, Lepra und Tuberkulose. Sollten Auffälligkeiten festgestellt werden, nehmen wir die Kleinen sofort in unser Gesamt-Programm auf. Damit steht fest, dass wir uns, bis sie wieder ganz gesund sind, um ihre Krankheiten kümmern. Wenn die Kinder nicht in der Schule sind, dann besuchen wir sie zu Hause. Treffen wir sie nicht an, versuchen wir die Kleinen in der Nähe zu finden. Finden wir sie selbst dort nicht, schärfen wir den Eltern ein, dass sie ihren Kinder die Vitamin-Kapseln selbst verabreichen – oder wir nennen ihnen Ort und Zeit, wo beim nächsten Mal die so wichtige Flüssigkeit verabreicht werden wird. So können eigentlich nur wenige durch unser Raster fallen." Die drei Kinder, die noch auf der Liste stehen, tanzen dreißig Minuten später um ihre Besucherin und die Assistentin herum. Sie übergibt die Vitamin-Ration, worauf die Eltern sich mit dem obligatorischen Tee bedanken. Die Stimmung ist auch hier ausgelassen, die Kinder erzählen ihrer „Oma" ausführlich von ihren Abenteuern. Ruth Pfau hört lächelnd zu.

Wir machen uns wieder auf den Weg zur nächsten Vitamin-A-Verteilerstation. Die Kinder und ihre Eltern stehen vor ihrer Hütte und winken uns noch lange hinterher. Ruth Pfau hat sich bereits im Kalender eingetragen, wann sie wieder hierher kommen wird und freut sich auf das Kinderlachen.

8. Kapitel
Gott kennt keine Ausschussware

Zuflucht für Terrorbanden, Zentrum der islamistischen Bombenleger – die Medien aus unserer Heimat berichten über Peshawar seit dem Afghanistan-Krieg nur im Kontext mit Blut, Tränen und Terror. Bezeichnenderweise kauft Kino-Held „Rambo" die Vernichtungswaffen für seine Ein-Mann-Armee in Peshawar. Bei den Pakistanis hingegen gilt Peshawar als attraktiv und modern, und Touristen denken bei Peshawar vor allem an Farbenpracht und die wunderbare Altstadt. Die Hauptstadt der nordwestlichen Grenzprovinz ist die Heimat der Pathanen, aber inzwischen leben hier Menschen aus allen Teilen des Landes und auch aus dem benachbarten Afghanistan.

In den umliegenden Gebieten herrscht teilweise noch archaisches Stammesrecht. Noch immer sterben hier viele Menschen einen gewaltsamen Tod. Aber Peshawar, das heißt auch Leben, Peshawar heißt Grün. Das Terrain rund um das Krankenhaus, in dem von Ruth Pfau Blinde und Leprakranke versorgt werden, steht in der Tradition der großen britischen Gärten. Tradition hat auch der Frieden, der von Peshawar früher ausgegangen ist. „Die Menschen müssen auch solche Geschichten erfahren, dann urteilen sie anders", legt uns die Weitgereiste ans Herz.

Die Stimmung im Team ist ausgezeichnet – wir haben einige Erfolge zu verzeichnen. Hinter uns liegt ein besonderer Tag. Begonnen hatte er mit einem Besuch im Nationalmuseum. Die weltberühmten Exponate beeindrucken Archäologen und Paläontologen aus aller Welt. In den Wandelhallen spielt Buddha die Hauptrolle. Wir erfreuen uns an dem detailgetreuen Modell, das die Ruinen von

Bala Hisar zeigt. Sie stehen 29 Kilometer nördlich von Peshawar und nur einen Kilometer nördlich von der Brücke über den Jundi-Fluss. Vom Museum aus können wir auf den Klinik-Trakt sehen.

Besuch bei Pfaus Peshawar-Patienten

Dort treffen wir wenig später einige Patienten, die uns ihr Leid schildern – und auch bereitwillig zeigen, was die Krankheit bei ihnen angerichtet hat: zerschundene Rücken, fehlende Gliedmaßen – aber die Menschen wissen, dass sie auf dem Weg zurück in die Gesellschaft sind. Die Hilfsprogramme im Krankenhaus, die im ganzen Lande bekannten Leistungen für die Menschen, finden auch beim Distrikt-Kommandanten Anklang. Brigadier Habib würdigt das Engagement der Ärztin aus Europa: „Mit welcher Energie sie in unserem Land angetreten ist, die Situation für die Armen zu verbessern, das ist ganz einfach unglaublich. Und mit welcher Ausdauer und Liebe sie daran arbeitet, unser Land wirklich besser zu machen. Ich weiß von meinen Kollegen aus allen nördlichen Provinzen, welchen Stellenwert die Arbeit und der Mensch Ruth Pfau bei der Bevölkerung genießt." Und dann spricht er sie direkt an: „Es ist eigentlich sehr schade, dass Sie nicht in unserem schönen Land geboren worden sind, sonst hätten Sie vielleicht sogar Staatspräsidentin werden können." Da kommt von ihr wieder das uns gut bekannte „Atschtschatscha". Es klingt diesmal allerdings nicht unbedingt so, als hätte sie große Freude an dieser Vorstellung.

Nach den schmeichelnden – aber durchaus ernst gemeinten – Worten möchte der Brigadier seine Dankbarkeit auch vor den Kameras kundtun und unterbreitet Ruth Pfau einen Plan, den sie sofort als „sensationell" einstuft. Der Brigadier stellt sein Angebot ganz langsam und mit einem tiefgründigen Lächeln vor: „Jeder angehende Arzt aus dem Distrikt Peshawar soll während seiner Ausbildung mindestens drei Tage für Ruth Pfau in ihrem Blindheits-, Lepra- und Tuberkulose-Programm eingesetzt werden."

Das würde in der Tat eine große Zahl an Hilfskräften bündeln, die dringend benötigt werden. Ruth Pfau gesteht während der vielen Tausend Kilometer, die wir uns über Land bewegen, dass ihre Arbeit in eine gewisse Bedrängnis gerät: „Wir müssen wirklich immer mehr um Geld kämpfen." Es klingt nicht mutlos, denn es ist bisher ja auch immer weitergegangen. Aber es ist alles schwieriger geworden: „Da war erst einmal der Irak-Krieg, dann kamen die vielen Flüchtlinge, um die wir uns kümmern. Das geht ins Geld." Und dann wiederholt sie eindringlich, was sie immer wieder sagt, wenn es um dieses Thema geht: „Aber sollen wir sagen, wir kümmern uns nicht um diese Menschen, wir lassen sie dahinvegetieren und einsam und allein in der Ecke sterben? Wir lassen sie den Rest an Würde verlieren, den sie noch haben? Ist es da nicht ganz gleich, aus welchem Spendentopf wir das Überleben von Menschen bezahlen?"

Da sind ihre Ausführungen an einem wichtigen Punkt. Denn natürlich sagt jeder, der berufen wurde oder dessen Beruf es ist, sich um andere Menschen zu kümmern, dass grundsätzlich natürlich jedem Menschen in Not geholfen werden muss.

Gott kennt keine Ausschussware

Möglichen Einwänden begegnet sie an dieser Stelle erneut. „Ja, aber was glauben die Leute denn in ihren gemütlichen Büros? Wenn ich über eine staubige Straße fahre und da liegt ein verletzter Mann, den ihr in Europa möglicherweise zur Al-Qaida zählen würdet, soll ich da erst eine Karte oder ein Buch ziehen, in dem verzeichnet ist, was ich noch aus welchem Topf ausgeben darf und aus welchem Topf ich jetzt die Mittel nehme, um dem verletzten Mann zu helfen? Oder ob ich überhaupt helfen darf? Also, da hört es für mich wirklich auf. Ich finde diese Ab- und Ausgrenzung nur absurd." Jetzt ist der Zorn da, gerechter Zorn – und die felsenfeste Überzeugung: „Du musst dem Tod die Stirn bieten, Gott kennt keine Ausschussware!"

Aber – und jetzt kommt wieder dieses „aber". „Aber natürlich", argumentieren die Hilfsorganisationen, „müssen wir unserem Spender Rechenschaft ablegen, was mit dem Geld passiert. Denn sonst spendet er nicht mehr. Und der Spender ist misstrauisch genug." Immer wieder hört man in Europa von Fällen, in denen Gelder missbraucht werden. Mal zweigt ein Leiter einer Organisation Geld für ein Auto ab, mal genehmigt sich jemand ein absurd hohes Gehalt, und manchmal kommt nur ein Teil der Hilfsgelder wirklich vor Ort an. Es gibt im heiß umkämpften Markt um Spendengelder zwar nur wenige schwarze Schafe, aber mit schöner Regelmäßigkeit gibt es einen neuen Skandal, unter dem dann alle Spenden-Organisationen leiden. An so etwas kann, darf und will Ruth Pfau nicht denken, wenn sie auf Menschen trifft, die ihre Hilfe benötigen. Sie hilft hier und jetzt – und sie hilft auch in der Zukunft weiter, wenn Hilfe notwendig wird. „Und wenn es keine Töpfe mit Geld mehr gibt, dann geh' ich betteln," sagt sie und setzt gebetsmühlenartig hinzu:

„Der Krieg hat das Benzin in dieser Region um 40 Prozent teurer gemacht – und wir sind viel im Land unterwegs." Wie sonst sollte denn die Krankheit in den Bergen oder anderen unwegsamen Landstrichen bekämpft werden. „Betteln" ist also notwendig – und das tägliche Geschäft. Wen wundert es, dass sie, die hervorragenden Zugang zu den Ministern und dem Präsidenten des Landes hat, ihre Kontakte auch nutzt, wenn es Probleme gibt. Mit Charme und wenn nötig mit List.

Das Treffen im Fahrstuhl

Die Geschichte vom Fahrstuhl und dem Innenminister ist so eine Geschichte von Charme und List. Ruth Pfau erzählt sie gern und mittlerweile gibt es einige Varianten. Sie musste mit dem Innenminister sprechen, nur wollte der offenbar nicht mit ihr sprechen. Vielleicht hatte er Angst, schon wieder mehr Geld locker machen zu müssen, vielleicht wollte er das dieser unnachgiebigen Deutschen nicht so sagen. Vielleicht hatte er aber auch gar keine Lust, die Frau zu sehen – weil er lieber Waffen kauft.

Da kein Brief zurückkam, ging sie persönlich hin. Schon stand die kleine Frau mit großen Augen vor einem Regierungsmitglied der unteren Ebene, das allerdings hochrangig genug war, um Türen nach ganz oben zu öffnen – zumindest die zum Fahrstuhl, der direkt zum Präsidentenbüro führte. Als der Fahrstuhl hielt, sprang sie in letzter Sekunde hinein. Tja, und da stand er vor ihr, der Herr Innenminister. Man kann sich leicht vorstellen, wie verblüfft er war. Er erinnerte sich jedenfalls sofort an sie: „Ach ja, Sie sind doch diese Ärztin. Na, es muss ja wichtig sein, wenn Sie mich auf diese Art und Weise aufsuchen." „Sie haben mir doch nicht auf meine Schreiben geantwortet und daraus musste ich schließen, dass sie keine Zeit haben." „Aber für Sie habe ich doch immer Zeit." Es wurde dann ein ausführliches Gespräch im Palast. Der Innenminister hat selbst nie von diesem Treffen erzählt, berichten Vertraute. Vielleicht war es ihm peinlich, dass ausgerechnet eine ältere Dame aus Europa so leicht ins Allerheiligste des Staates vordringen konnte. Schließlich sind die pakistanischen Regierungsbeamten wegen ihrer Atomwaffen-Politik nach Experten-Meinung besonders gefährdete Angriffsziele. Wie dem auch war – so viel ist jedenfalls sicher: Nach diesem Treffen lief die Flüchtlingsarbeit in Karachi an, die der Minister vorher aus Sicherheitsgründen gestoppt hatte.

Als Ruth Pfau uns diese Geschichte erzählt, gewinnen ihre Lachfalten wieder einmal Oberhand über die Gesichtszüge, von denen ein jeder unendlich viele Geschichten erzählen kann. Viele dieser Geschichten handeln von der großen Freude, die Ruth bei ihrer Arbeit gefunden hat. Ihre Erinnerung ist so unerschöpflich, dass der Faktor Zeit keine Rolle zu spielen scheint, Gegenwart verschwimmt in diesen Geschichten mit der Vergangenheit.

Zeit spielt überhaupt eine andere Rolle in diesem Land, auch für die Menschen, die hier leben. 44 Jahre ist sie jetzt unterwegs – ausgezogen im Namen Gottes (worüber sie weniger spricht) und agierend vor allem im Namen der Menschlichkeit (worüber sie sehr viel spricht). 44 Jahre sind für uns eine unendlich lange Zeit. Für viele nicht wirklich vorstellbar. Und noch dazu hier: Kein Tag ohne Abenteuer, kaum ein Tag, an dem man nicht an die Grenzen gerät.

Was uns so verblüfft? Mehr als vier Jahrzehnte, das sind mehr als 15 000 Tage, an denen sie aufgewacht ist und sich gefragt hat, was am Abend sein wird. „Das Leben ist so verrückt, es ist nicht planbar", ist eine wesentliche Erkenntnis für sie. Wer viel erlebt, der kann viele Geschichten erzählen.

Wie die Geschichte „Fahrstuhl und Minister". Nicht in ihren kühnsten Träumen hat sie daran gedacht, dass ihr Weg sie einmal zu einem „Überraschungs-Angriff" auf einen Minister im Fahrstuhl führen würde. Die Beziehungen zwischen Ruth Pfau und der Regierung waren nach dem Treffen noch besser. Wieder so eine überraschende – wenn auch von Ruth Pfau herbeigeführte – Wegkreuzung, aus der etwas Wunderbares entstanden ist.

In Islamabad

Heute ist das zum Glück alles anders, denn unser Besuch in der Hauptstadt Islamabad ist geplant. Wir sind aus dem Norden zurück. Wir haben viele Freunde gewonnen. Den Sohn von Mullah zum Beispiel, der unbedingt nach Europa möchte. Er hat sich in Peshawar zum Heilpraktiker ausbilden lassen – wie so viele Söhne der Lepra-Assistenten und Ärzte. Das ist eines der Rezepte: Wer bei oder für Ruth Pfau arbeitet, der erkennt die Segnungen der Bildung. Ohne Bildung ist kein Ausweg aus der Armut möglich. Die Kinder der Männer und Frauen um Ruth Pfau besuchen in aller Regel Schulen und später Universitäten. Wie wichtig Bildung auch für die Gesundheit des Landes ist, sollte uns wenig später auch der pakistanische Gesundheitsminister Khan erzählen.

Dr. Khan hatte hocherfreut auf eine Anfrage aus der Pfau-Station in Islamabad reagiert, ob er denn ein wenig Zeit für seine Gesundheitsberaterin habe. Gefallen dürfte ihm auch haben, dass die übliche Entourage diesmal um zwei Journalisten aufgestockt wor-

Freilaufende Affen in den Bergen von Islamabad

den war. Ruth Pfau hat an diesem für ihre Organisation wichtigen Tag wunderschöne Stoffe angelegt, einen schwarzen Umhang mit dezenten goldfarbenen Stickereien, einen dazu passenden Schal mit gleichem Muster über ihrem Kopf. Die Mitarbeiter kommen leger daher: Jeans und Hemd.

Wir fahren im offenen Jeep über fantastische Alleen und einen Kreisel, der dem Place de l'Etoile in Paris nicht ganz unähnlich ist. Nur ist in dieser Ecke der Stadt nicht ganz soviel Verkehr wie zur Stoßzeit in Paris. Aber architektonisch kann Islamabad durchaus konkurrieren. Nirgendwo hat man eine so gute Aussicht auf die Stadt mit dem vielen Grün wie vom „Affenberg". Dort turnen unzählige Baumbewohner durch die dichten Wälder, einige besonders mutige Vertreter sitzen nahe der Straße und scheinen dem Publikum zuzuwinken. Was für eine Attraktion in einer Stadt, die offensichtlich am Reißbrett entworfen worden ist! Für die Touristen bedeutet die Existenz von freilaufenden behaarten Primaten durchaus eine Sensation. Wo sonst auf der Welt findet sich eine solche Anzahl von Affen in einer Großstadt?

Die pakistanische Hauptstadt besitzt eine ungewöhnliche Geschichte. Drehen wir die Uhr einmal einige Jahrzehnte zurück. Als Ruth Pfau erstmals einen Fuß auf pakistanischen Boden setzte, war erst ein paar Monate zuvor die Entscheidung gefallen, das Städtchen Islamabad, knapp 20 Kilometer nördlich von Rawaldpindi am Fuß der Margalla-Hills und anderer Ausläufer des Himalaya-Gebirges, zur Hauptstadt zu machen. Nicht einmal 50 000 Menschen lebten zu dieser Zeit in Islamabad, aber der schöne grüne Norden zog immer mehr Menschen aus allen Teilen des Landes wie magisch an. Anfangs richtet sich die Verwaltung erst einmal um die Ecke in Rawaldpindi ein: Was es heißt, über Nacht Bundeshauptstadt zu werden, davon kann auch Berlin oder Bonn das ein oder andere Lied singen.

1965 erklären die Regierenden Islamabad zum Verwaltungssitz – aber von einer Weltstadt war Islamabad so weit entfernt wie Pakistan insgesamt heute von der Emanzipation der Frau. 60 000 Menschen ergab eine Zählung 1969, doch mit dem Beginn der Bauarbeiten für Verwaltungs- und Regierungssitz wuchs die Bevölkerung so schnell wie die Häuser im Regierungsviertel. Staatsgäste und Besucher Islamabads zeigen sich stets gleichermaßen vom Gleichklang zwischen Gebäuden und Grün beeindruckt. Die griechische Architektin Constantine Doxiadis und der japanische Landschafts-Architekt Kimio Kondo besitzen bei den Islamabadern mittlerweile einen legendären Ruf. Heute zählt Islamabad übrigens knapp eine Million Einwohner, und einer davon bekommt heute in seinem Büro von uns Besuch.

Zimtkekse und Politik

Der Gesundheitsminister ist ein freundlicher Mann. Er weiß, dass sein Name so klingt wie der des deutschen Torwarts Oliver Kahn. Der Minister trägt feinen britischen Zwirn – und lässt sofort erkennen, wo er studiert hat. Auch der Bürovorsteher, rothaarig, etwa 50 Jahre alt, freut sich offensichtlich über unseren Besuch. Tief verbeugt er sich vor dem Gast: „Frau Pfau lächelt mich immer so nett an – und sie begrüßt mich auf Urdu", sagt er. Es sei schön, dass sie mal wieder komme und auch noch Journalisten mitgebracht habe. Das sei sehr wichtig, damit endlich in der ganzen Welt bekannt würde, wie fortschrittlich es hier in Pakistan zugehe.

Der Bürovorsteher preist seinen Chef, als sei er der Medien-Berater des Ministers höchstpersönlich – und wir belohnen seine Ausführungen mit einem strahlenden Lächeln. Er revanchiert sich: Tee, Kaffee, kaltes Wasser, alles da – und natürlich die beliebten Zimtkekse. „Die haben bei uns im Haus Tradition", macht Dr. Khans Empfangschef gute Laune, „und sie werden immer wieder gern genommen." Darüber freue sich auch der Minister. Offenbar kann in Pakistan nur der Minister werden, der sich über Zimtkekse freuen kann. „Auch die früheren Gesundheitsminister hatten diese Zimtkekse stets für ihre Gäste im Angebot", sagen die Mitarbeiter von Ruth Pfau aus Islamabad. Sie hat als Gesundheitsberaterin im Rang einer Staatssekretärin viele Gesundheitsminister kommen und gehen sehen. Die Zimtkekse blieben. Höflich nimmt sie einen und – „Atschatschatscha" – wie lecker er doch schmecke. Da sage noch einer, dass eine Ruth Pfau nicht zur Politikerin tauge.

Mit einem Strahlen – und dabei blitzen die weißen Zähne – begrüßt der Gesundheitsminister die beiden Kamera-Teams. Die üblichen Honneurs beginnen in den weichen Polstern seines Sofas. Seine Gäste berichten von ihren Erlebnissen, der Minister erzählt, dass die Gesundheitspolitik des Landes auf den richtigen Weg sei, der aber in der Vergangenheit unter anderem nur so erfolgreich beschritten werden konnte, weil sich vor so langer Zeit eine Ruth Pfau auf den Weg nach Pakistan gemacht habe, um sein Land so positiv zu verändern. Die britische Erziehung und das Studium im Westen macht den Minister im feinen englischen Zwirn zu einem Verbündeten, der weiß, was er an Ruth Pfau hat.

Auch er spricht von „my Pakistan", so wie das Ruth Pfau tut. Sie erzählt viel von Erreichtem – und was sie noch vorhat. Und

Gesundheitsminister Khan im Gespräch mit seinem Ehrengast Ruth Pfau: „Sie ist für unseren Staat so furchtbar wertvoll."

sie erklärt ihm, dass wir extra für diese Reise einen Internet-Auftritt organisiert haben. Zu unserer großen Freude schaut er sich die Seite www.ruthpfau.com an. Er bedauert, dass er nur sehr wenig deutsch versteht. Aber die vielen Bilder und die Animation sprächen für sich. Das Konzept hat ihm sichtlich gefallen und als wir ihm sagen, dass die wichtigen Geschichten auch in englischer Sprache ins Netz gestellt werden, funkeln seine Augen vor Freude. Charmant führt er aus, dass alle Mitarbeiter des Ministeriums wüssten, wie wertvoll Ruth Pfau doch für das Land sei. Im Übrigen habe er sie schon kennen lernen wollen, als er noch kein Minister gewesen sei.

Deutschland scheint es ihm angetan zu haben. Als die Rede auf unser Heimatland kommt, ruft er plötzlich: „Schröder. And The Scorpions: Wind of Change." Als ich ihm erzähle, dass die Scorpions aus der Gemeinde kommen, in der ich groß geworden bin, ist er begeistert.

Dann beginnen die Gespräche. Ruth Pfau berichtet von ihren Plänen aus Peshawar, wo der Brigadier einen sensationellen Vorschlag unterbreitet habe. „Ach so, der Vorschlag, dass jeder angehende Arzt einige Zeit für Sie arbeitet, davon habe ich gehört und ich finde diesen Vorschlag wirklich außergewöhnlich gut." Was so viel wie grünes Licht für den Plan bedeuten dürfte.

Als die Sprache wieder auf den Bundeskanzler kommt, gerät er ins Grübeln. Vermutlich weil ich von Schröder als Landesvater gesprochen habe. Ich bin Niedersachse, und der Kanzler war mal Ministerpräsident im Norden der Republik. Das muss er irgendwie falsch verstanden haben, denn irritiert (und für einen Augenblick ist die zuvor so authentische britische Gelassenheit verschwunden) fragt er: „Ähhh, you are Schröder's son? Das kann ich ruhigen Gewissens verneinen. Was auch den Minister doch deutlich beruhigt, und er freut sich wie wir alle über den unfreiwilligen Wortwitz.

Auch unsere erste Frage fand er gut: „Herr Gesundheitsminister, können Sie eigentlich bei einem Unfall erste Hilfe leisten?" „Jawohl, das kann ich", sagt er und lacht sympathisch. „Ich habe gerade einen entsprechenden Kurs gemacht und mich mehrfach in Krankenhäusern informiert." Was ein langgezogenes Beifall-Atschatschatscha von „Kollegin" Dr. Pfau nach sich zieht und so viel bedeuten sollte: Der Mann gibt sich sichtlich Mühe in seinem Job, und mit dem kann man ganz sicher arbeiten.

Wie denn das Krankensystem im Allgemeinen so funktioniere? Auf der Fahrt durch den Norden haben wir ja viel Elend gesehen. Ruth Pfau beugt sich vor und schaut den Minister an: Die Antwort ist wichtig. „Ach, liebe Frau Pfau, Sie wissen ja, wir machen doch gerade eine echte Gesundheitsreform." Natürlich wollen wir gerne wissen, wie die pakistanische Variante aussieht: Wir können uns nicht vorstellen, wo man im pakistanischen Gesundheitswesen noch sparen kann.

Pakistanische Gesundheitsreform

Aber – „Atschatschatscha" – jetzt kann der Minister ein echtes Trumpf-As ziehen. „Wieso gespart (wieder das freundliche Lächeln)? Mir ist es gerade gelungen, den Etat auf über 35 Prozent zu erhöhen. Wir geben jetzt fast 150 Milliarden Rupies aus." Uns verschlägt es die Sprache – nur mühsam kommt ein „Wie setzt man so etwas politisch durch?" über unsere Lippen. Da müsse man natürlich im Vorfeld tüchtig und fleißig seine Hausaufgaben machen und die Lobbyisten aktivieren. Das habe er getan. Er habe gute Lobbyisten – aber er habe auch sehr gute Argumente. Die hat Ruth Pfau natürlich auch und sofort beginnen die beiden Profis ein Fachgespräch über die medizinische Zukunft des Landes. Darüber, dass Mitarbeiter von Ruth Pfau vielleicht bald in ein Regierungsamt aufrücken. Dann bräuchte sie sie nicht mehr zu bezahlen und es würden nach und nach wieder mehr Gelder für andere Dinge freigesetzt. Für die kranken Menschen beispielsweise.

Was denn alsbald noch reformiert werde, wollen die medizinischen Begleiter Ruth Pfaus aus Islamabad wissen. Sie selbst macht sofort einige Vorschläge, die der Minister eifrig notiert und bei jeder Gelegenheit kundtut, dass er gewillt sei, mit ihr zusammenzuarbeiten.

„Wir konkretisieren gerade die Pläne für eine Krankenversicherung, die am Ende ein Gemenge aus staatlicher und privater Leistung sein soll, aber nur dann privat gezahlt werden soll, wenn es irgendwie geht." „Aber es wird doch wohl oft gar nicht gehen", wirft die wissende Besucherin ein. Worauf der Minister ein wenig betrübt nickt und schnell einen Zimtkeks nimmt – um dann vor laufender Kamera eine Heldentat des Gesundheitssystems zu preisen. Schließlich müsse man doch erwähnen, dass er und seine Leute es fertig gebracht haben, dass jeder, der in ein staatliches Krankenhaus gehe, keine Rupie dafür bezahlen müsse. Das fragende „Atschatschatscha" kommt von der Medizinerin und wir haken bei dieser Vorlage natürlich nach: „Also, Herr Minister, sollte also ein pakistanischer Bill Gates sich operieren lassen, muss er wirklich keinen Cent dazu bezahlen?" Der Minister nickt: „In der Theorie stimmt das." Allerdings schränkt er dann doch ein: „Natürlich ist es doch eher so, dass sich ein reicher Mann lieber in einer Privatklinik im Ausland behandeln lässt wird."

Die Fälle aus der Praxis hören sich bei Ruth Pfau so an: „Ach, wenn ich daran denke, dass wir oft Fälle von Blindheit nicht verhindern konnten, weil wir niemanden hatten, um Sonnenbrillen an Ziegenhirten zu verteilen, die sich an den dornigen Büschen die Augen geschädigt haben, dann sieht die ganze Sache doch schon ganz anders aus."

Mag die Behandlung in einem karg ausgestatten Krankenhaus auch umsonst sein, so heißt das noch lange nicht, dass ein Patient, der behandelt werden müsste, auch behandelt wird. Häufig ist nicht einmal genug Geld da, um die Anreise in die Klinik zu finanzieren. Als Todesursache müsste eigentlich häufig „Kein Geld für Bus ins Krankenhaus" auf dem Totenschein vermerkt werden.

Auch das weiß der Minister ganz genau, und es geht ihm auch wirklich nahe. Zur Freude aller verspricht er vor laufenden Kameras im Interview, Ruth Pfau noch mehr als bisher zu unterstützen, und die nickt dankend.

9. Kapitel
Ein Garten Eden in Manghopir

Das Elend ist überall gegenwärtig in Pakistan. Doch wir sind auf Orte gestoßen, an denen wirkt die Hoffnung. Einer trägt den Namen Manghopir. Dieser Vorort von Karachi, in dem man die Armut bereits am Geruch in den Straßen erkennt, ist für mich das Zauberwort für „Zukunft" geworden. Denn hier ist auch ein Projekt entstanden, das zeigt, wie diese Zukunft aussehen könnte. Es ist ein echter Zufluchtsort. Seit ich hier war, glaube ich wieder an die Möglichkeit einer friedlichen Ko-Existenz verschiedener Glaubensrichtungen, die sich sonst bekämpfen. Und ich habe hier viele Freunde gewonnen.

Wir fahren durch ein großes Tor und sind in einer anderen Welt. Manghopir ist eine Oase der Sehnsucht, ein Fort für junge und alte Entrechtete, für Todkranke und für die, die wieder ans Leben glauben. Manghopir ist ein wichtiger Baustein im Land. Manghopir setzt Zeichen. Die Menschen in den Slums bezeichnen diesen Ort als Paradies. Hier leben Menschen der unterschiedlichsten Rassen zusammen – auf grüner Erde, mit sehr viel frischem Wasser, und alle haben ein Dach über dem Kopf. Manghopir ist eine Kaderschmiede für die Jugend, ein Ort der gelebten Emanzipation der Frau, ein Ort der Freiheit. Bewirkt haben dies Ruth Pfau und ihre langjährige Mitstreiterin und Weggefährtin Schwester Jeannine.

Wir haben neue Patenkinder

Früher stand der Name für Wunderquellen, heute für einen wunderbaren Zufluchtsort für Tausende von Menschen. Dieser Ort ist so außergewöhnlich, dass wir gleich einige Tage geblieben sind, Unterricht gegeben, die Patenschaft für Kinder übernommen und ein Stück Land für die Blinden und Aussätzigen gekauft haben. „Manghopir zeigt, wie wir das Land verändern können", sagt Ruth Pfau, der bereits auf der Anfahrt durch die Slums die Vorfreude auf das Wiedersehen mit ihren Freunden und mit den Patienten im Projekt von Manghopir anzumerken ist.

Schon auf dem Weg hinaus in die nördlichen Gebiete Pakistans hat sie uns berichtet. „Es war eine Fügung, dass wir unsere Einrichtung gerade hier aufgebaut haben, denn Lepra war schon vor Hunderten von Jahren in dieser Gegend ein Thema, auch wenn die Krankheit damals ganz anders hieß." Manghopir, der ärmste Vorort von Karachi: Da sind staubige Pisten und Schlammlöcher, in denen Bullen und Ochsen sich sonst brüllend baden, Gestank, den man bis an sein Lebensende nicht vergisst. Bei dieser Hitze wirken allerdings selbst die Tiere träge und satt.

So heiß wie heute muss es auch vor vielen hundert Jahren gewesen sein. Zu der Zeit, in der der sagenhafte Ruf der Stadt durch seine heilenden Bäder begründet wurde, der offensichtlich bis in die Gegenwart reicht: Männer kommen schlammgesättigt zu den heißen Quellen und stellen sich in eine lange Reihe. Ein kräftiger Kerl – eine Art Bademeister – sorgt für Ordnung, sollte der Andrang zu stark werden. Die Suchenden verhalten sich an dieser geheiligten Stätte streng nach Vorschrift. Es gibt keine Hektik. Die Bewegungen gleichen den rituellen Waschungen, die sich auch im Ganges abspielen. „Hier sollen angeblich schon immer Menschen von der Lepra geheilt worden sein", sagt Ruth Pfau. Der Zweifel ist ihr anzusehen.

An dieser Quelle und im Lepra-Ghetto in der Nähe des Hauptbahnhofs im Zentrum von Karachi hat sie allererste Erfahrungen mit dieser Menschheitsgeißel gemacht. Das war 1960 – und sie war eigentlich auf dem Weg nach Indien. In Karachi setzte sie mit einer Maschine zum Zwischenstopp auf, um auf ihr Visum zu warten. Plötzlich saß sie fest: Kein Visum für Indien – eine Schicksalsfügung und Wegkreuzung in Pakistan. In der Stadt traf sie auf einen Feind, der ihr in den kommenden 44 Jahren nicht mehr von ihrer Seite weichen sollte: Lepra. Die Großstadt Karachi war die Lepra-Hauptstadt der Welt – mit einem riesigen Ghetto für Leprakranke. „Dieser furchtbare Gestank, er verfolgte mich in meinen Träumen. Es stank nach Hoffnungslosigkeit, es stank nach Tod, es stank nach menschlichem Fleisch. Da waren Frauen, Männer, Kinder, die man zum Sterben zusammengepfercht und weggesperrt hatte. Wie Ausschussware." Die Vergangenheit ist wieder ganz nah.

„In Karachi gibt es keine Lepra!"

„Schlimm war diese Hoffnungslosigkeit der Menschen, die inmitten dieser Kloaken auf einen baldigen Tod hofften", erinnert sie sich. Sie waren vergessen von Menschen, die sie früher einmal zu ihren Freunden zählten, totgesagt von einer Bürokratie, die nicht nur nichts für sie tat, sondern auch ihre Existenz verleugnete. Als sie sich damals gegen die Ignoranz der Stadtverwaltung auflehnen wollte, hieß es: „Tut uns leid, Miss, aber in Pakistan gibt es keine Lepra." Nach dieser offiziellen Auskunft ging sie fassungslos ins Ghetto zurück. Dort hat sie eine lange Nacht gewacht, gegrübelt und überlegt.

Ruth Pfau hat einiges mit Dr. Rieux, dem Helden aus dem Roman „Die Pest" von Albert Camus gemeinsam. Eines Tages tauchen in der Stadt, in der Dr. Rieux lebt, Ratten auf. Erst wird dieses Phänomen nicht ernst genommen. Doch täglich erscheinen mehr dieser großen Nager an die Oberfläche – einzig, um hier zu sterben. Die Stadt kommt kaum noch nach, sie zu verbrennen. Doch dies ist nur das erste Anzeichen. Plötzlich erkranken Menschen an hohem Fieber, begleitet von schmerzhaften Beulen – und sterben innerhalb kurzer Zeit. Die Pest, lange tot geglaubt, ist zurückgekehrt. Als feststeht, dass es sich tatsächlich um diese höchst ansteckende Seuche handelt, wird die Stadt von der Außenwelt abgeriegelt. Wachposten sorgen dafür, dass niemand den Rest der Welt ansteckt. Dr. Rieux, dessen Frau kurz zuvor zur Auskurierung ihrer Lungenkrankheit weggefahren war, kümmert sich aufopfernd um die Kranken. Als einer der ersten hatte er den Ernst der Lage erkannt und für die Ausrufung des Notstands plädiert. Andere wollen nur weg.

Ruth Pfau schrieb 1960 in ihr Tagebuch: „Schmutz, stinkende Abwässer, Hoffnungslosigkeit, keine ärztliche Versorgung. Und nachts fressen die Ratten die gefühllosen Gliedmaßen der Patienten an."

Heute sagt sie: „Schon damals habe ich bemerkt, dass Lepra und Blindheit oft einen gemeinsamen Weg gehen. Diese Begegnung mit den aussätzigen Patienten war die wohl einschneidendste Erfahrung in meinem Leben. Da gab es die modernste Atomwaffentechnik und gleichzeitig diese archaischen Zustände im Lepra-Ghetto. Während meiner Ausbildung zur Ärztin hatte ich es nicht für möglich gehalten, dass es überhaupt irgendwo auf der Welt noch solche Zustände geben könnte."

Nach dieser Nacht stand für sie fest: Ihr Weg würde hier weitergehen. Unmittelbar nach der offiziellen Aussage der Stadtverwaltung von Karachi, es gebe keine Lepra mehr, dokumentierte sie 314 Patienten. Heute sind 50000 Menschen in ihrer Kartei aufgenommen, von denen gut 2000 Patienten akut an der Krankheit leiden, während 48000 Menschen ausgeheilt sind. Das Kontrollprogramm hat ganze Arbeit geleistet.

Auf dem Weg nach Mangophir stinkt es immer noch bestialisch wie vor 44 Jahren, als die Lepra-Kranken, die aus dem Ghetto fliehen konnten oder dort nicht kaserniert worden waren, den Weg hierher antraten – um in den heißen Quellen Heilung zu finden.

„Die Quellen sind über 400 Jahre alt", behauptet der Bademeister, „seit dieser Zeit kommen die Leute". „Links ist für die Damen und rechts für die Herren", erklärt uns ein Badegast, der noch an das Wunderwasser glaubt. Als wir Ruth Pfau fragen, warum die

Inschrift auf einer Steinplatte über den Quellen besagt, dass nicht nach Geschlecht, sondern nach Religionszugehörigkeit getrennt wird, bekommt die vielleicht landeskundigste Reiseleiterin Pakistans große Augen: „Atschatschatscha, das hab ich nicht gewusst." Sunniten nach rechts, die Schiiten nach links. Die Männer, die sich im warmen Quellwasser säubern, nehmen rituelle Waschungen vor. Sie sind nicht wirklich krank, sondern hängen eher materiellen Dingen nach: „Wenn ich mich nur häufig genug wasche, dann werde ich reich und gewinne in der Lotterie ein neues Auto." Ein anderer Gast sieht die Möglichkeit eines warmen Bades als Präventivprogramm an: „ Ich bade mich in dieser Wunderquelle, weil ich gar nicht erst krank werden möchte. Ich mache das schon seit Jahren so und ich bin auch noch nicht krank geworden." Ruth Pfau besitzt ihre eigene Sicht der Dinge: „Über Jahrhunderte sind die Regierenden mit solchen Geschichten über die Runden gekommen. Wunderquellen für die Armen – und dann sind sie wieder gesund. Ein Volk, in dem die Mehrheit nicht lesen oder schreiben kann, ist für solche Geschichten natürlich empfänglich. Auf diese Art und Weise stehlen sich die Herrschenden aus der Verantwortung, für ihr Volk zu sorgen."

Am See der Krokodile

Nicht weit von den Quellen entfernt, finden wir den Zugang zu den heiligen Tieren von Manghopir. Der Zutritt ist in der Regel für Besucher versperrt. Aber gegen ein großzügiges Trinkgeld öffnet der Torwächter. Wir inspizieren diesen Ort natürlich mit äußerster Vorsicht, denn eigentlich dürften sich angesichts der 150 „badenden Gäste" in diesem Terrain nur „Crocodile Dundee" traumhaft sicher bewegen – und natürlich der Torwächter, der seine possierlichen, trägen Lieblinge ganz genau kennt, sich ihnen aber auch nur mit einem langen und schweren Knüppel nähert. „Steinbeißer" heißt eines der größten Krokodile. Es misst etwa vier Meter – und döst seit Stunden in der Sonne.

Rituelle Waschung als Lepra-Schutz?

Die Krokodile von Manghopir. Alles Flöhe – oder was?

Draußen hinter dem Gitterzaun winken Mädchen und Jungen den Krokodilen zu. Die geben schmatzende Laute von sich und treiben weiter phlegmatisch auf dem Wasser. Nichts, aber auch gar nichts, kann ihre Mittagsruhe stören. Einige Sonnenanbeter haben es sich bei 40 Grad im Schatten unter einer Baumgruppe gemütlich gemacht. „Steinbeißer" bekommen wir nicht wirklich auf Touren. Es nutzt nichts, dass der Wärter versucht, sein Prachtexemplar mit Fischen zu füttern. Er döst weiter.

Schade, dass früher, bei der angeblichen Entstehungsgeschichte vom „See der Krokodile", keine Augenzeugen anwesend waren. Die Geschichte verläuft folgendermaßen: Es war einmal ein sehr heiliger Mann, der seit vielen Wochen unterwegs war. Als er Manghopir erreichte, wusch er sich in diesem schönen See sein Gesicht. Als das Wasser sein Antlitz in vollkommener Klarheit widerspiegelte, kam dem sehr heiligen Mann die Idee, dass er auch seinen Bart reinigen könnte. Es war ein ganz langer, ein unendlich dichter Bart. Das klare Wasser berührte klatschend den Bart, woraufhin die Flöhe, die bislang darin gelebt hatten, ins Wasser flüchteten und – oh, Wunder! – Sekunden später als Krokodile wieder auftauchten. Eigentlich eine wunderschöne Geschichte, über deren Naivität sich Ruth Pfau – je nach Gemütslage – mal mehr und mal weniger amüsieren kann.

Die wilde Schwester Jeannine

Ihre belgische Mitschwester Jeannine hingegen lacht immer herzlich, wenn diese Geschichte erzählt wird. Genau wie ihre Freundin Ruth Pfau lebt Jeannine seit über 40 Jahren in Pakistan: „Ich bin wegen Ruth hier. Sie ist zugleich mein Vorbild und meine Freundin." Aber sie finde, dass Freundinnen auch Meinungsverschiedenheiten haben dürfen, die ausgetragen werden.

Jeannine ist eine Bilderbuch-Nonne. Sie ist zur Ordensschwester berufen und denkt auch jenseits der 60 Jahre noch lange nicht ans Aufhören oder daran, in die belgische Heimat zurückzugehen.

Über den Dächern von Manghopir – Jeannine Geuns

Es gibt doch noch so viel zu tun hier. Warum sollte sie auch ihr Leben für die Armen am Rande der Gesellschaft beenden? Schließlich hat sie gemeinsam mit Ruth Pfau im Moloch der Armenviertel vor den Toren Karachis diese kleine, grüne Oase der Ruhe und Hoffnung jenseits des höllischen Lärms geschaffen. Mit viel Gras, mit frischen Wasser, mit Schulräumen, einer Handarbeitsabteilung, einer Krankenstation und dann einer Aufnahmestelle für Flüchtlinge aus Afghanistan. In der Betreuung von Flüchtlingen bestand in den vergangenen beiden Jahren ein Großteil der Arbeit von Schwester Ruth und Schwester Jeannine. Zweifel am Sinn ihres Tuns hatten beide Frauen nicht: „Wir mussten einfach reagieren."

Und noch eine weitere Belgierin arbeitet in Manghopir: Kathleen. Sie hat hier nicht nur eine Lebensaufgabe gefunden, sondern unter den Flüchtlingen auch ihren afghanischen Ehemann. Wieder eine dieser Wegkreuzungen. Manghopir machte sich in der Welt der Flüchtlinge aus dem Kriegsgebiet einen guten Namen. „Kap der Hoffnung" nennen es einige der Afghanen, die wir heute im oberen Trakt antreffen. Darunter der Mann, der allen Lebensmut verloren hatte, weil ihm die Bomben die Kinder, die Ehefrau und selbst die Tränen genommen hatten. Dieser Mann wartete auf den eigenen Tod. Er war nicht einmal mehr in der Lage, seine Bewegungen zu koordinieren. Manghopir veränderte für ihn alles. Der Zuspruch, gerade von Kindern, die hier zur Schule gingen, gaben dem Mann die Tränen zurück. Eines Tages, als die Sonne hereinbrach und das dunkle Zimmer in helles Licht tauchte, liefen die Menschen aufgeregt zusammen. Ihre Rufe zeugten von Verwunderung und Erstaunen. Es waren nicht die Schreie von fliehenden Kindern, die aus brennenden Häusern liefen, oder von Müttern, die ihr Liebstes verloren hatten. Es waren Schreie des Entzückens und der Freude. Dieser schwer kranke Mann, der fast alles verloren hatte, hatte über Nacht seinen Lebensmut zurückgewonnen – und gemalt: Menschen, Gegenstände, Abstraktes. Seine Wände leuchteten in den buntesten Farben – und sie erzählten seine Geschichte.

Die Entscheidung war richtig

Ohne Ruth Pfau wäre Schwester Jeannine nicht in Pakistan, ohne die beiden gäbe es das Projekt Manghopir nicht, ohne dieses Projekt existierte nicht diese Flüchtlingsaufnahmestelle, gäbe es keine Operationsmöglichkeiten, mit denen Menschen, die zu erblinden drohten, gerettet wurden. „Wer nur *ein* Leben rettet, rettet die ganze Welt", steht im Talmud. Ruth Pfau sieht das pragmatischer: „Es lag einfach auf der Hand, dass wir etwas für die vielen Flüchtlinge tun mussten. Man kann sich nicht aus der Verantwortung stehlen, denn schließlich sind wir doch auch in Afghanistan mit unserem Lepra- und Augenprogramm tätig."

Die Geschichte des in Manghopir entdeckten Malers bestätigt eine der großen Thesen ihres Lebens und eine Überzeugung, die zum zentralen Motiv ihrer Arbeit wurde: „Der Mensch ist zum Glück geboren." Ruth Pfau ist nur behilflich, es zu finden.

Manghopir wurde Schicksal für eine halbe Millionen Flüchtlinge. Einige sind geblieben und werden für immer bleiben. Der von

vielen so bewunderte Maler hat sich eine Eigenheit bewahrt: „Nie in meinem Leben würde ich auf kleine Postkarten oder etwas Ähnliches malen", entrüstet er sich über kommerzielle Anfragen. Sehr zum Leidwesen von Schwester Jeannine übrigens: Keine Postkarten, kein Postkartenverkauf! Das wäre doch eine gute Idee für mögliche Spender gewesen. Ruth Pfau freut sich über den eigenen Willen des Malers: „Ach ja, die Jeannine, da muss man immer ein wenig vorsichtig sein, die entscheidet nur aus dem Bauch heraus."
Angriffslustig kontert Jeannine: „Der Mensch lebt nicht von Luft und Liebe allein."

Für die Flüchtlinge soll Manghopir erst einmal eine Notfall-Station sein. Rund 500 000 Schicksale werden hier dokumentiert, dann bearbeitet. Wenn es um das Thema Menschenwürde geht, ist das für Ruth Pfau Chefsache. Sie weiß aus der eigenen Geschichte ihrer Heimat, wie das ist, fliehen zu wollen und nicht zu können. („Bei all den Dingen, die sich hier Menschen untereinander antun, dürfen wir nicht vergessen, dass wir Deutschen es waren, die Auschwitz erfunden und in Betrieb gehalten haben.") „Hier werden die Männer, Frauen und Kinder registriert – und dann in die von uns geschaffenen Flüchtlingslager verteilt oder eben aufgenommen und mit Medizin und Liebe versorgt." Flüchtlingsbetreuung in diesem Ausmaß stand vorher nicht auf ihrem Programm, ist aber immer wichtiger geworden.

Flüchtlinge aus Afghanistan

Sie hat viele Erfahrungen mit afghanischen Flüchtlingen gesammelt: Zunächst erlebte sie die Besetzung des Landes durch die Russen und später die Taliban, die das Land verwüsteten und zerstörten. Die Vergewaltigung von Frauen durch die rote Armee, das war ein Thema auch im Nachkriegsdeutschland gewesen. Ruth Pfau hat in Marburg aus der Psychiatrischen und Nervenklinik der Universität Marburg/Lahn unter Direktor Professor Dr. Villinger eine bemerkenswerte Arbeit vorgelegt: „Über Schwanger-

Flüchtlinge vor der Rückreise nach Afghanistan

schaftsunterbrechung mit besonderer Berücksichtigung der neuropsychiatrischen Indikationen; eine Inaugural-Dissertation zur Erlangung des Doktorgrades in der gesamten Medizin der Hohen Medizinischen Fakultät der Universität Marburg/Lahn." Dreißig Jahre später, als sie begann, auch in Afghanistan die Lepra zu bekämpfen, waren Gewalt gegen Frauen und die Schwangerschaftsabbrüche wieder Thema. Sie hat die Zeit genutzt, um einer halben Millionen Menschen Hoffnung und Zukunft zu geben. Was kann mehr Hoffnung leisten, als das Lachen eines Kindes?

Auf den Stufen zum Wohnbereich der Flüchtlinge springen drei Kinder aufgeregt herum. Sie lachen und üben einen Tanz, wirbeln mit einem Stoffschal. Sie haben offenbar ohne Traumata die Wirren des Krieges überlebt. Die ganze Familie war schwer krank. Die Mutter hatte Grauen Star, sie wurde operiert und erhielt in Manghopir das Augenlicht zurück. Der Vater hatte Lepra, zwei Kinder hatten Tuberkulose. Allen konnte geholfen werden. Das Überleben der Afghanen zeigt die Wichtigkeit des Drei-Stufen-Programms von Ruth Pfau: Blindheit-, Lepra- und Tuberkulose-Bekämpfung unter einem Dach. Die Familie soll vollkommen gesund gepflegt werden, aber schon jetzt sehen sich Eltern und Kinder wieder als eine Familie, der das Leben deutlich näher ist als der Tod. „Wir werden es schaffen, dass die Fünf bei uns bleiben können", sagt Ruth Pfau und streicht den Kindern über den Kopf. Alle Familienmitglieder haben hier neue Freunde gefunden und können schon bald an einem einmaligen Hausbau-Programm teilnehmen.

Die Erfindung einer Bausparkasse

Wenn man so will, betreiben Ruth und Schwester Jeannine so etwas wie eine eigene Bausparkasse. Sozusagen eine Art „Wüstenrot" oder LBS mit Sitz in den Slums von Karachi. Wenn Flüchtlinge bleiben wollen oder aus gesundheitlich-sozialen Gründen bleiben müssen und arbeiten können, dann kann diese Bausparkasse mit Krediten aushelfen. So leben beispielsweise Kathleen und ihr Ehemann in einem von dieser Kasse finanzierten Eigenheim, dessen Bau allerdings nur durch eine Menge Eigenarbeit und mit Hilfe von Freunden möglich war.

Vom Dach des Kraftwerks schauen wir auf die Anlage: Zu sehen sind eine Menge Röhren, die in abenteuerlicher Weise verlegt scheinen, und sehr viele Solarzellen, die Sonnenlicht speichern und natürliche Energie in Strom umwandeln. So erzeugen sie warmes Wasser in Mangophir – Luxus in dieser Region, in der schon Trinkwasser so schwer zu bekommen ist. „Ein Volontär aus Österreich hat die Anlage während seiner Hospitantenzeit bei uns entwickelt", erklärt Jeannine. „Und das hier", Jeannine gibt den Blick über das Terrain frei, „das ist unser Reich." Die Schwester lacht. Unten im Garten sind ihre Schülerinnen mit der Blumenpflege beschäftigt, bewacht von den „Soldaten". Sie watscheln unaufhörlich ihre Runden und quaken um die Wette, weil einer ihrer „Späher" verdächtige Gestalten auf dem Dach gesichtet hat. Als Schwester Jeannine die Stimme anhebt, ist Ruhe: „Das ist tierisch gutes Wachpersonal", kommentiert die Flämin und zeigt auf die Armee – von Enten.

„Kaum Kosten, aber sehr wirksam, und Fremde sind überrascht", ergänzt die „Mutter von Manghopir" einen Sicherheitsaspekt. „Was glaubt ihr, wie Ruth gestaunt hat, als sie das erste Mal dieses Wachpersonal gesehen hat."

Das Thema Sicherheit ist wichtig, denn außerhalb der Mauern sind Raub und Vergewaltigung auf der Tagesordnung. Kathleen, die enge Mitarbeiterin und Freundin von Jeannine bestätigt: „Die Geschichte mit der Sicherheit bereitet uns große Sorge. Dass viele Überfälle an der Tagesordnung sind, das macht allen Angst" – und sie nimmt ihren afghanischen Ehemann ganz fest an der Hand.

Gäbe es nicht die furchtbare Korruption innerhalb der Behörden, die Übergriffe der Polizei und die ewige Sorge um das Wasser, dann wäre für die Eheleute klar, dass auch sie für den Rest ihres Lebens in Manghopir bleiben. „Aber so", schränkt Kathleen ein, „ist es schon eine Belastung, wenn du nicht weißt, ob das Wasser nun sauber ist oder nicht. Selbst die Filter geben keine Sicherheit, gerade nach großen Überschwemmungen, wenn sich das schmutzige Wasser mit dem sauberen mischt. Da bleibt dann nichts mehr bakteriell unverseucht. Heute sind 20 Schülerinnen krank – sie haben verunreinigtes Wasser getrunken. Aber das ist eigentlich schon alles. Derzeit sind wir erst einmal sehr froh, hier leben zu dürfen. Schließlich habe ich hier auch mein Glück gefunden."

Das Prinzip Hoffnung

Das gilt besonders für die Menschen auf der „Endstation Sehnsucht". Auch eine „Herzensangelegenheit" von Ruth Pfau, und auch hier trifft es zu: Viele Menschen lebten sicherlich nicht mehr, hätte nicht vor 44 Jahren eine junge Ärztin begonnen, einen unbekannten Weg zu gehen. „Das eigentliche Studium der Menschheit ist der Mensch", sagt Goethe. Jeder Mensch ist anders – und doch gleich. Wir lernen und lieben, wir suchen Sinn und streben nach Erkenntnis. Auf unserer Suche nach Antworten auf unsere stillen

Haus der Hoffnung in Manghopir: Die beiden blinden Männer haben einen Garten Eden geschaffen.

Fragen wenden wir uns der Religion zu oder der Kunst. In künstlerischen Werken wird Wesentliches gebannt und fixiert. Aber das Kunstwerk des Menschlichen, das Menschen aus dem Leben gestalten, ist immer noch größer und beeindruckender.

Der Besuch auf der „Endstation Sehnsucht" zeigt uns eindrucksvoll, wie das Prinzip Hoffnung funktioniert und wie fast todgeweihte Menschen wieder zu leben beginnen. 45 Menschen leben auf der Station. 45 Menschen, die niemand mehr brauchte, liebte, wollte. Erstarrt, ohne Willen zum Weiterleben, zum Sterben bereit, so hat Ruth Pfau mit ihren Leuten diese Menschen von der Straße aufgesammelt und hierher gebracht. Sie hat sie dem Tod entrissen: „Gott macht keine Ausschussware!", sagt sie erneut.

Unser Jeep stoppt vor diesem ganz besonderen Haus, das zu dem Sozial-Komplex von Ruth Pfaus Mitschwester Jeannine gehört. Draußen warten einige Bewohner, die aufgeregt rufen: „Sie ist da, schnell, sie ist da!" Die Jungen und Alten brüllen diese Information durch die Gänge. Wir erleben in diesen Minuten wieder die authentische Ruth Pfau. Mit vielen Patienten verbindet sie Freundschaft. Sie kennt fast alle Namen und Geschichten. Gemeinsam gehen wir durch das Haus. Die Fensterläden werden geöffnet und die gleißende Sonne fällt in die Zimmer. In der Behinderten-Werkstätte freuen sich zwei offensichtlich geistig Behinderte über die Licht- und Schattenspiele, die das Licht auf dem blank geputzten Fußboden entwirft. Gar nicht satt sehen können sich die beiden Männer, wie Kleinkinder, an den wundersamen Kringeln, die über die glatte Fläche huschen und immer neue Kreise entwickeln. Und inmitten des vergnügten Treibens steht die Frau, die – so scheint es – hier in diesem Haus alle Last und den Ballast, den die selbst auferlegte Verantwortung mit sich bringt, von ihren schmalen Schultern fallen lassen kann.

Die „Endstation Sehnsucht" hat Nachwuchs bekommen. Ein Baby plärrt – ein wunderbares Zeichen der Hoffnung in diesem Haus, in dem die meisten Bewohner so krank oder behindert sind, dass sie ohne die Pflege und Betreuung nicht überleben könnten.

Wir treffen auf Mushref, der nicht einmal 20 Jahre alt ist. Er ist nicht lebensgefährlich erkrankt, aber wenn er keine medizinische Versorgung erhält, dann verschlimmert sich sein Zustand. Er könnte nicht mehr arbeiten, er wäre dem Tod geweiht. Ruth Pfau errät unsere Überlegungen: „Sollte sich im Staat nicht grundlegend etwas ändern, dann hat der Junge gar keine andere Chance, als hier wohnen zu bleiben." Bis ans Ende seiner Tage und das können noch 50 Jahre sein.

Die Liebe zu den Menschen

Draußen meckern ein paar Ziegen. Neugierig wollen sie auf sich aufmerksam machen. Als sie die beiden Menschen sieht, die inmitten der Ziegen stehen, geht Ruth Pfau auf sie zu. Die Frau ist leprakrank, auf einem Auge nahezu blind. Der Mann kann überhaupt nichts mehr sehen. „Das sind die Ziegenzüchter unserer

Die Liebenden von der „Endstation Sehnsucht" mit Ruth Pfau und ihren Ziegen

kleinen Einrichtung", stellt Ruth Pfau sie uns vor. Und beide seien störrisch gewesen. So störrisch wie die Ziegen auch.

Bevor sich die beiden gefunden hatten, waren sie für uns praktisch nicht behandelbar. Sie wollten sich partout nicht operieren lassen und weigerten sich standhaft, Therapien welcher Art auch immer durchzuführen. Keiner kam wirklich an sie heran. Keine Ruth Pfau, keine Schwester Jeannine, keine Kathleen und auch keine Volontärin. „Aber dann, dann kam das Wunder der Liebe, und die Liebe zueinander brachte die Liebe zum eigenen Leben zurück. Es war wirklich wunderbar, die Rückkehr der beiden Liebenden ins Leben zu beobachten." Und Ruth Pfau weiß, wovon sie spricht. Als junge, bildhübsche Frau musste sie ihre große Liebe zu einem Mann abwägen gegenüber ihrer großen Liebe zu den Menschen und zu Gott. Sie musste sich entscheiden, und nach reiflicher Überlegung, nach vielen Gesprächen mit dem Mann ihres Lebens und auch mit einem ihr sehr nahe stehenden geistlichen Begleiter, einem Jesuiten, hat sie sich entschieden, sich auf den Weg zu machen und ihre große Liebe weiterzugeben. Dass sie sich richtig entschieden hat, dafür ist das, was wir hier sehen, eine Bestätigung. Glücklich halten zwei verliebte Menschen Händchen, inmitten ihrer Ziegen, zwei Menschen, die ein grausames Schicksal erwartet hätte, wären sie nicht der Liebe von Ruth Pfau begegnet.

Die beiden Liebenden ließen sich von einem Tag auf den anderen therapieren. Es ging ihnen besser. So gut, dass sie anfangen konnten, für die Einrichtung zu arbeiten. Es stellte sich als exzellente Idee heraus, den beiden zur Hochzeit ein Ziegenpaar zu schenken. Jetzt sind sie für die Ziegen verantwortlich, für frische Milch und für den Käse. Rachid, der Ehemann, machte sich voller Elan an die Gestaltung des Gartens. Gemeinsam mit einem erblindeten Freund beackerte er das verwahrloste Stück Land hinter dem Haus. Zuerst ein Teich, dann einige Obstbäume, Bananenstauden – und schließlich sogar rote Rosen. Alles begann zu wachsen und zu gedeihen. Das Wunder vom „Garten Eden" begann sich in der Region herumzusprechen. Im Zentrum der Geschichte standen die beiden behinderten Menschen, die etwas Wundervolles getan hatten – und jeden Tag mit frischen Früchten belohnt werden. Die Frauen bekommen rote Rosen, so auch Ruth Pfau: Als sie den „Garten Eden" betritt, legt ihr Rachid einen ganzen Strauß in den Arm. Aus der „Endstation Sehnsucht" ist eine Station der Hoffnung geworden.

Ein wenig durften wir auch dazu beitragen. Eines Tages stellte sich ein Mann vor, der erklärte, dass er der Besitzer des Landes hinter dem Haus der neuen Hoffnung sei. Er legte die entsprechenden Unterlagen vor. Damit hatte niemand gerechnet. Und man kann dem Mann gar nicht böse sein, denn wahrscheinlich hatte auch er nur zum Sterben zu wenig und zum Leben zuviel. Aber was würden die Hausbewohner sagen, wenn der Garten Eden nicht mehr ihnen gehören würde? Ruth Pfau ergriff sogleich Partei: „Für die beiden Männer, die den Garten zu dem gemacht haben, was er heute ist, wäre die Abgabe des gerade urbar gemachten Landes eine ganz persönliche Katastrophe – und für alle anderen Hausbewohner ebenso."

Zum Glück ließ der Fremde mit sich reden. Da wir in den vergangenen Wochen in den Bergen des Nordens weniger ausgegeben hatten als geplant, boten wir ihm das restliche Geld an. Mit einer schriftlichen Erklärung und dem Versprechen Ruth Pfaus, dass das Geld demnächst an ihn ausgezahlt werde, überließ der Grundbesitzer, der uns soeben das Terrain veräußert hatte, das Haus der neuen Hoffnung. Ihn hatte am Ende doch auch beeindruckt, zu welch großartigen Leistungen Blinde und anders behinderte Menschen in der Lage waren. Er konnte gar nicht fassen, dass man einen so wunderbaren Garten anlegen konnte, ohne sehen zu können. Als der Fremde ging – waren gleich mehrere Menschen glücklich: der ehemalige Besitzer, weil er um ein paar hundert Dollar reicher war, die Bewohner dieses wunderbaren Hauses, weil das Land nun endgültig ihnen gehörte, und wir eigentlich auch. Mit wie wenig Einsatz man Menschen glücklich machen kann!

Geld wird immer gebraucht. Viele der fast 500 000 aus Afghanistan geflohenen Familien haben mittlerweile wieder den Heimweg angetreten, andere treffen sich an Sammelplätzen, verhandeln, feilschen – und lassen sich dafür bezahlen, dass sie wieder gehen. Einige bleiben aber bis zum Ende ihrer Tage hier. Sie haben im Krieg und auf der Flucht zu viel verloren.

Rhandi ist einer dieser Menschen. Er sitzt auf einer verdreckten Matratze, der Gestank sucht seinesgleichen, eine Ziege verrichtet ihr Geschäft. Die Fliegen machen die „Wohnumstände" nach unserer Auffassung zu einer Katastrophe. Rhandi und seine Frau halten es jedoch klaglos in all dem Dreck aus. Er zieht frische Teeblätter aus einer Tüte und macht sich daran, Wasser zu erhitzen. Sein Gesicht erzählt Geschichten von Tod, unglaublichem Leid und Schmerz. Natürlich haben wir Fernsehbilder von den Flüchtlingen in Afghanistan gesehen, bevor wir herkamen. Und wir kannten auch die Arbeit von UN-Hilfsorganisationen. Aber für uns Reporter ist diese Situation doch etwas ganz Neues. Wir werden nicht von einem Behörden-Vertreter durch das Lager geführt, sondern können uns frei bewegen. Der Dolmetscher und unsere Gastgeberin öffnen die Seelen der Menschen, mit denen wir sprechen wollen.

Rhandis Kinder und Enkelkinder sind von Bomben getötet worden. Die Schreie von Verwandten und Freunden, die bei der Detonation Arme und Beine verloren und sich vor Schmerzen verkrümmt auf dem Boden gewälzt haben, lassen ihn nachts aus dem Schlaf fahren. Die Erinnerungen an bessere Zeiten tun weh, und sie scheinen unendlich fern. Das eigene kleine Haus, der eigene Garten, Tiere, Nachbarn, Freunde und die eigene Familie, alles verloren. Geblieben sind die Schmerzen. Der Schmerz in der Seele – und der physische Schmerz. Als vor einiger Zeit der große Regen über das Massen-Camp zog, haben Rhandi und seine Frau im Wasser und Matsch geschlafen. Aber – und damit haben sich die beiden Afghanen am Leben erhalten – es ist ihnen doch schon schlechter ergangen. Viel schlechter in der Zeit nämlich, als auch viele Menschen auf der Flucht gestorben sind.

„Viel schlechter – aber wie ist das möglich?" Es ist unbegreiflich. Langsam werden wir wütend und können verstehen, warum

Ruth Pfau aufgebracht ist, wenn sie von solchen Geschichten hört. Aber so erstaunlich es ist, die beiden Betroffenen selbst sind nicht zornig. „Warum aufregen, hier ist das Leben so ruhig, hier brauchen wir nicht um unser Leben zu fürchten – und wenn wir krank sind, dann kommt die Frau Doktor oder einer ihrer Leute und hilft uns." Das sagt Rhandi – und so er meint es auch. Ruth Pfau und ihr Team haben allerdings nicht damit gerechnet, wie viel Elend geblieben ist.

„Kein Tag vergeht, an dem mir nicht abends das Herz schwer ist. Was zählt der Erfolg von gestern, wenn immer neues Leiden auf uns einstürmt – ohne Ende, immer neue Dunkelheit sich über alle Erfolge zu legen droht?", fragt sie. Doch zumindest Rhandi hatte heute einen guten Tag. Seine Frau hat eine Halbtagsstelle in einer Fabrik gefunden. Er selber sei zu alt und zu krank, um zu arbeiten. Und zu blind, das hat der Mann, der fast 70 Jahre alt sein dürfte, vergessen. Wie alt er genau ist, weiß er nicht mehr. Heute zählen andere Dinge: Mit dem Geld aus der Fabrik könnte ein neuer Vorhang gekauft werden und vielleicht eine Plastikplane, falls das Wasser wiederkommt. Vielleicht werden sich Rhandi und seine Frau irgendwie dann doch in einen Bus setzen – und nach Hause fahren. In eine ungewisse Zukunft. Aber mit neuer Perspektive?

Wahrscheinlich ist es nicht. Wer weiß denn schon, was zu Hause sein wird? Das Haus steht nicht mehr, die Verwandten leben nicht mehr und die Tiere sind tot. Das alte Ehepaar lebt hier und jetzt – im Dreck und trotzdem glücklich. Wenn die alten Knochen von Rhandi halten, dann wird er morgen mit einigen Gummistücken die Plane der Unterkunft flicken – und die Ziege will er auch waschen, verkündet er. Ihre Milch sei doch so gesund und wohlschmeckend. Nein, nein, weg von hier wolle er eigentlich nicht mehr. Und er hofft, dass sich das Lager nicht wieder füllt. „Es ist doch schön hier", sagt Rhandi. Der Alte winkt uns lange hinterher, nachdem er sich mit schwacher Stimme verabschiedet hat: „Viel Glück auf euren Wegen." Wir sind ein wenig beschämt, wenn wir an die Welt daheim denken. Mit frischem Wasser, warmem Wasser aus der Dusche, Kaffeemaschine, Heizung, Kühlschrank und dem Wissen, dass wir uns keine Sorgen um die nächste Mahlzeit machen müssen.

Nach Adam Goth

„Aber seid euch mal ganz sicher", nimmt uns Ruth Pfau beiseite, „es geht wirklich noch viel schlechter, als ihr es hier seht. Lasst euch nachher einmal in Adam Goth erzählen, wie die Menschen, die jetzt dort leben, vorher gelebt haben. Die Leute, die zu uns aus Afghanistan gekommen sind, mussten erst einmal ihr nacktes Leben retten, sie haben ihre Freunde und Verwandten verloren. Dann wollten sie die Behörden in Pakistan nicht haben. Sie mussten sich wochenlang durch das verschneite Gebirge kämpfen, um vor dem Krieg zu fliehen und hierher zu kommen. Als sie dann endlich hier waren, hat sich niemand um sie gekümmert. Viele Flüchtlinge haben die Flucht nicht überlebt, sie sind ganz einfach verhungert", sagt sie mit Bitterkeit in der Stimme. Mit der Machtübernahme der Nordallianz am Ende des Kriegs hatte auch die Masse der pakistanischen Taliban-Sympathisanten in Afghanistan kein Ziel und keine Unterstützung mehr. Sie mussten einfach weg. „Man kann sich ausmalen, was in den Gefängnissen unter diesen Extrembedingungen vor sich ging", sagt sie. Es war die Hölle.

Der Kampf gegen die „höllischen" Auswirkungen des Krieges war die größte Herausforderung ihres Lebens: „Als die Menschen aus den Flüchtlingslagern begannen, zurück in ihre Heimat zu reisen – was war das für ein Hochgefühl! Es hat uns für viele Mühen entschädigt. Wir hatten erreicht, dass Menschen, die in Schlamm und Jauche lebten, für die trockenes Brot schon eine Gnade gewesen ist, dass diese Menschen nach Hause können: nach Hause und damit zurück in die Freiheit und zu Würde. Auch wenn dieses Zuhause in Afghanistan Hunger und Kälte heißen kann."

Mit dem Jeep fahren wir jetzt nach Adam Goth – „Wiederauferstehung" – in die Nähe von Manghopir. Als wir dort ankommen, denken wir an das, was Ruth Pfau 1960 bei ihrer Ankunft in Pakistan gesagt hat: „Ich wusste nicht, dass es so etwas auf der Welt noch gibt. Auf einem Planeten, dessen Menschen einerseits sich aufmachen, den Mond zu besiedeln – und andererseits zulassen, dass Vergehen gegen die Menschlichkeit in Verbindung mit Armut jeden Tag erneut passieren." In Adam Goth leben Menschen, die irgendwann aufhören mussten, Mensch zu sein und unter erbärmlichsten Umständen versuchten, an diesem und dem nächsten Tag nicht zu verhungern, nicht in dem Schlamm und den Exkrementen, in denen sie schliefen, zu ersticken. Als Ruth Pfau und Schwester Jeannine von diesen Schicksalen erfuhren, reagierten sie fast schon routiniert. Sie gingen auf die Barrikaden, informierten Vertreter aus ihrem Netzwerk, sie trieben Geld auf und schufen im sprichwörtlichen Sinn einen Ort der Wiederauferstehung.

Während der Zeit unserer Besuche hatte Adam Goth gerade mit den Folgen unbeschreiblicher Wasserfluten zu kämpfen.

Was Frieden schafft

Szenen aus dem Ort der „Wiederauferstehung": Ärzte arbeiten in einer Sozialstation, Helfer verteilen Vitamin A an die Schüler, Kinder besuchen die Schule, eine Gynäkologin hält eine Sprechstunde ab – und einmal in der Woche trifft sich eine bis an die Zähne bewaffnete Schar unterschiedlicher Parteien, Stämme und Religionen. „Die Lage ist explosiv", erklärt Aqsa, „Seuchen klopfen an die Tür, weil durch die Fluten Bakterien und Viren in die Häuser eindringen konnten." Aqsa betreut seit Jahren die Menschen in Adam Goth. Sie spricht von der ersten ernsthaften Belastungsprobe seit der Einweihung des Terrains. Mehr als 100 Häuser hat die österreichische Caritas errichten lassen und sie den Armen zur Verfügung gestellt.

Schulunterricht in Manghopir

Ruth Pfau fasst zusammen, wie sie den Entrechteten und Wohnungslosen die neue Unterkunft möglich gemacht haben: „Wir haben es geschafft, zuerst die Erlaubnis zu bekommen, die Obdachlosen, die unter unglaublichen Verhältnissen unter Brücken und an schmutzigen Gewässern gelebt haben, auf eines unserer Grundstücke zu holen. Dort haben die Menschen in Zelten und in Hütten gelebt, dann wurden die Häuser gebaut." Die Stimmung ist derzeit allerdings durch die Flut getrübt, die Emotionen sind aufgeheizt. Viele Kleinkinder sind krank, und verdrecktes schmutziges Wasser strömt durch das Dorf: „Es wird Zeit, dass wir wieder mehr Hilfe bekommen", verlangen Dorfbewohner im Gespräch mit uns. „Wir haben zwei unserer Kinder verloren, als die Wassermassen die Brückenpfeiler umspült haben. Sie sind ganz einfach ertrunken", berichtet uns eine Mutter weinend. Andere Männer erzählen, dass die Seuchen ihre Kinder dahingerafft haben. Sie sind abends eingeschlafen, lagen im Brackwasser und sind morgens nicht mehr aufgewacht. Die Männer erzählen das alles mit einer gewissen Lethargie. Trotzdem dringt immer wieder Hoffnung durch: „Am Ende wird alles gut, wenn das Wasser erst einmal wieder weg ist und die Schlammpfützen getrocknet sind. Dann verschwinden auch die Seuchen wieder. Solange werden wir sie mit allen Mitteln bekämpfen."

Übergriffe

Ums Kämpfen geht es auch den abenteuerlichen Gestalten, die sich in Adam Goth zu einem Forum besonderer Art treffen: kräftige Männer mit Turban und Säbeln. Zwei Themen werden besprochen: Was ist zu tun, wenn einem Großgrundbesitzer Geld geschuldet wird, das nicht zurückgezahlt werden kann? Und: Soll unser Kind den ganzen Tag in der Schuluniform herumlaufen – oder am Nachmittag die Kleidung wechseln dürfen?

Die Debatte ist so, wie es die Mimik der Männer vermuten ließ: aufgeheizt und explosiv. Drei-, viermal gehen einige Männer aufeinander los, Joseph brüllt und schreit – und mühsam gelingt es ihm, die wilde Meute wieder in den Griff bekommen. Ruth Pfau hat sich für diese gelebte Form der Demokratie stark gemacht und resümiert: „O.k., das Forum abzuhalten ist nicht immer leicht, aber wir wollen doch am Ende erreichen, dass die verschiedenen Vertreter verschiedener religiöser oder sonstiger Gruppen miteinander diskutieren, dass sie miteinander reden. Dass dies sehr impulsiv geschieht, das gehört wohl dazu." Allerdings gibt es auch Berichte von ausgeschlagenen Zähnen und anderen Verletzungen der Diskussionsteilnehmer. Kurzum: „Es geht hier ganz schön zur Sache, aber das wundert uns bei dieser Gemengelage im Dorf auch nicht wirklich", sagt „Dorf-Chef" Joseph. Gerade jetzt, wo Gestank und Verschmutzung die Wohnsituation erschweren. „Ich kann gar nicht sagen, wie oft Männer hier ins Gefängnis kommen", sagt der Verwalter. Lange sitzen die Festgenommenen freilich nie hinter Gittern. Die Dorfleitung hat einen guten Draht zur

Polizei. „Und wenn die Seuchen verschwunden sind, dann nehmen auch die ethnischen Konflikte ab", sagt Joseph.

Abgenommen hat auch die Zahl der sexuellen Übergriffe von Landbesitzern. Das Team um Ruth Pfau sorgte für eine Verhaftungs-Welle aus dem Clan eines Großgrund-Besitzers. Wie es in Pakistan noch heute üblich ist, müssen am Ende, wenn das Familien-Oberhaupt nicht zahlen kann, die Frauen – oft sind es noch Mädchen – herhalten. „Die Männer aus den Reihen des reichen Landbesitzers kamen nach Adam Goth und nahmen sich rücksichtslos die Mädchen mit, deren Väter oder Brüder verschuldet waren – sie waren Freiwild. Anzeigen bei der Polizei waren zwecklos. So ist das leider in manchen Teilen der Provinzen noch", sagt unser journalistischer Begleiter Bacqer, der selbst als erfahrener Journalist von manchem, was er erlebt, überrascht ist. Auch er hat – so wie wir – Dutzende Stunden von Filmmaterial gedreht, und trotzdem gelingt es der Frau, die er verehrt wie eine Heldin, diesen Kollegen noch zu verblüffen.

Ruth Pfau musste darum zu einer List greifen. Sie hat Medien-Vertreter, die sie sonst nicht so sehr mag, mitgenommen und ihnen eine exklusive Geschichte versprochen. So sahen die Kollegen mit eigenen Augen, wie eine Bande junger Männer vorfuhr und über die Mädchen herfiel. Das reichte den Journalisten. Mit den dokumentierten Materialien publizierten sie ihre Geschichten – und jetzt musste sich auf Druck der Öffentlichkeit der Generalstaatsanwalt einschalten. Der Großgrundbesitzer und seine Bande wurden verhaftet. Natürlich hat er Ruth Pfau mit dem Tod bedroht: „Aber das haben schon viele Männer getan. Früher habe ich mir immer gesagt: ‚Wer schießt schon auf eine junge hübsche Frau'. Und heute sage ich mir: ‚Wer schießt schon auf eine alte Frau?'"

10. Kapitel
Das Wunder in der Drogen-Farm

Wir sind in Karachi, einer Stadt, die einmal Megapole des Terrors und des Todes genannt wurde, die aber auch das Zentrum des Reichs von Ruth Pfau ist. Es ist Sonntag. Der ohrenbetäubende Lärm ist abgeklungen. Ruth Pfau genießt an einem solchen Tag die Zeit der Besinnung. Sonntags in Karachi, im Krankenhaus des Marie-Adelaide-Leprosy-Centers (MALC) der Pfau-Zentrale: Hier begann ihr revolutionäres Wirken. In diesen Tagen wirkt die 75 Jahre alte Frau, die ihr Leben in den Dienst der Menschen gestellt hat, sehr müde. Sie hat die Ruhe nötig nach den Strapazen der letzten Wochen.

Karachi, ein Schmelztiegel vieler Religionen, eine Stadt, von der nicht einmal der Bürgermeister weiß, ob hier 13, 14, 16 oder 20 Millionen Menschen leben. Sonntagmorgen schlafen auch hier die meisten lange. Auch in Pakistan ist der Sonntag ein freier Tag, die Geschäfte sind fast alle geschlossen. Wir sehen es, als wir uns auf den Weg zur katholischen Kirche machen. Auf der Straße toben Banden von streunenden Hunden. Sie können es, weil kaum Autos auf der Strasse verkehren. Eigentlich könnte die Stadt einmal richtig Luft holen, aber selbst an diesem Morgen, kurz nach fünf, liegt eine Dreckwolke über der Stadt. Sie fällt eigentlich erst so richtig in diesen Stunden der Stille auf.

Langsam kommt die Sonne durch. Die Szene bleibt im Zwielicht des anbrechenden Tages gespenstisch – dort, wo sonst die Händler auf der linken Straßenseite ihre Verkaufsstände bevölkern und Touristen aus dem Westen von einem Nervenzusammenbruch in den nächsten treiben, wo sie an einem zerren und einen zu umarmen

Das Marie Adelaide Leprocy Center (MALC) in Karachi

versuchen, „My friend, but only today", wo man an jeder Straßenecke von Bettlern angesprochen wird, da stehen die berühmten transportablen Schlafstätten – primitive Betten, und darin liegend unzählige Menschen unter weißen Laken, mitten auf der Straße. Obdachlose. Wer sich nicht richtig auskennt, der denkt zuerst an Tote. So still und friedlich liegen sie da. So reglos. Und ringsherum kein Gehupe, kein Geschrei, kein Lärm. Die Dunstwolke stört diese pakistanischen Obdachlosen nicht. Diese Menschen ohne Wohnung bleiben am Sonntag oft bis mittags auf der Straße in ihren Liegen. Auch der Rest der Stadt scheint bis tief in den Tag hinein zu schlafen. Für diese Menschen ist der Schlaf ein guter Freund.

Auf dem Weg zur Frühmesse wird Ruth Pfau heute von Kranken aus ihrem Hospital begleitet. Es sind Männer und Frauen, die um den Schutz und die Begleitung Gottes bitten. Ruth Pfau bemüht sich persönlich um jeden Patienten aus ihrem Krankenhaus. Ein Schwerkranker klammert sich an sie. Sie ist nur für diesen Mann da. Die zierliche Frau zieht ihn selbst aus dem Auto. Keiner von uns darf ihr dabei helfen. Sie will das so. Die Augen des Mannes strahlen. Neben uns summt eine junge Pakistani: „Oh, what a beautiful morning." Es sind bewegende Momente in diesem riesigen Haus Gottes. Unter den hohen Decken wirbeln die Rotorblätter der Ventilatoren so, dass die Kerzen am Altar flackern.

Es war wohl Ruth Pfaus Weg und ihre Menschenliebe, die dem kranken Kirchenbesucher in den vergangenen Jahren im Marie-Adeleide-Leprosy-Center, dem Zentralkrankenhaus des Lepraprojekts, zuteil geworden ist, die diesen alten Mann inspirierte, einen anderen religiösen Weg zu gehen. „Gott ist ein Gott der Liebe, der Gott, den die Menschen hier größtenteils suchen, ist ein Gott der Gerechtigkeit", sagt Ruth Pfau. Der alte, kranke Mann geht den Weg mit dem Gott der Liebe. Er ist konvertiert.

In der Kirche treffen wir Europäer und Pakistani, die zusammen mit Ruth Pfau und ihrem Team voller Inbrunst die Lieder im Gottesdienst singen.

Schwester Berenece und Bruder Norman

Auch Schwester Berenece, die vor ein paar Wochen ihr 50-jähriges Ordensjubiläum feierte, sitzt auf einer Bank im Gotteshaus. Sie hatte Ruth und uns gleich bei unserer Ankunft in das Haus der Gemeinde eingeladen. Es war unser erster Abend in Karachi und wir waren müde, dennoch wollten wir dieser Frau, von der wir schon so viel Gutes gehört hatten, nicht absagen. Es wurde ein Abend, den sowohl wir als auch viele der anderen Gäste niemals vergessen werden.

Es war ein großes Erlebnis, auf dem Dach der Gemeinde mit Novizinnen zu feiern. Wir tanzen mit den angehenden pakistanischen Schwestern, was zu großer Aufregung führt. Dass Novizinnen mit europäischen Journalisten auf dem Dach einer Kirchengemeinde in einer Vollmondnacht nach pakistanischen Rock-Hymnen tanzen, ist so gewöhnlich nicht – und war auch für die jungen Damen durchaus gewöhnungsbedürftig.

Gemeinsam fast 100 Jahre in Pakistan: Ruth Pfau und ihre mexikanische Mitschwester Berenece

Alle wünschten sich, dass Schwester Berenece an ihrem Ehrentag die Sorgen des Alltags einmal vergessen würde. Wir trugen die Ordensfrau also in einem Korbsessel auf das Dach, denn die Jubilarin ist nach einer schweren Operation nicht mehr ganz so gut zu Fuß. Die Jahrzehnte in Pakistan haben Spuren hinterlassen.

Bruder Norman ist auch da. Er ist in dieser riesigen Kirche wirklich nicht zu übersehen und zu überhören schon gar nicht. Bruder Norman singt mit kräftiger Stimme. Er hat sich – so wie Ruth Pfau – vor mehr als einem halben Jahrhundert entschieden, in die Welt zu ziehen und sie ein wenig besser zu machen. Vor mehr als vier Jahrzehnten haben sich ihre Wege gekreuzt und im Laufe der Jahre sind die beiden gute Freunde und Vertraute geworden. Bruder Norman und Schwester Ruth kooperieren in einigen Projekten, unterstützen sich gegenseitig, tauschen in ihren Institutionen „Problem-Kinder" aus. Er lädt uns für den kommenden Tag ein. „Wollt ihr einmal etwas in diesem Land noch nie da Gewesenes sehen?"

„Natürlich. Wohin soll's denn gehen?" „Well, boys, auf meine Drogenfarm." Ruth erklärt uns, was der Bruder dort veranstaltet und uns stockt der Atem. So etwas gibt's in Pakistan? Natürlich müssen wir uns das anschauen.

Aber jetzt ist Gottesdienst. Für sechs Uhr früh ist die Kirche ausgezeichnet besetzt und die Besucher sind allesamt gut bei Stimme. Mit einer tiefen, inneren Ruhe, aber auch innerlich aufgewühlt, warten wir auf die Dinge, die uns an diesem Tag erwarten sollten.

Auf der Rückfahrt passieren wir erneut die unzähligen Betten am Straßenrand. Mittlerweile räkeln sich schon die ersten aus ihren Laken. Neben diesen realen Eindrücken existiert gleichzeitig noch ein anderes Pakistan, ein hochtechnisiertes, modernes Pakistan. Die Fernsehsender zeigen die Bilder des F17-Kampfbombers. Die militärischen Flugmaschinen kosten Milliarden – und die Pakistani sind stolz. Was wiederum für eine Spendenorganisation ein Riesenproblem darstellt: „Ich soll für Menschen in einem Land, das die Atombombe baut und überall in die Welt hinausposaunt, dass es die modernsten Kampfflieger der Welt besitzt, spenden? Da wäre ich doch schön verrückt!" Solche Reaktionen sind in Europa nicht selten. Sie klingen überzeugend und sind doch verheerend.

Gebetsmühlenartig antwortet Ruth Pfau auf derartige Fernsehbilder und die anschließende Diskussion: „Was kann das blinde Kind dafür, dass der Präsident auf Waffen setzt? Was können die leprakranke Mutter und die TBC-kranke Großmutter, was können die Menschen in den Slums für diesen kranken Rüstungswahn? Und sie sagt es auch uns Journalisten: „Geht hinaus und sagt den Menschen über die Medien, dass die Armen, die Schwachen, die Kranken und Geknechteten gar nichts dafür können, wenn hier der moderne fliegende Tod gekauft wird. Es sind ja nicht die Kranken und Bettler, die mit der Rüstungs-Industrie verhandeln. Aber sagt den Menschen auch, dass sie selbst helfen können. Sie können helfen, dass auch das blinde Kind, die leprakranke Mutter, die TBC-kranke Großmutter und die Menschen in den Slums irgendwann ihr Recht bekommen. Kampfbomber hin oder her."

Pünktlich und gut gelaunt kommt Bruder Freund Norman in einem alten Jeep angefahren. Der charismatische Mann kommt aus der Motor-City Chicago. Auch er war auf der Suche nach einem Ort, der mehr Gerechtigkeit verdient und kam so nach Pakistan. Seit 46 Jahren kümmert er sich um Gestrauchelte.

„Ruth Pfau kenne ich – ach, mindestens schon 40 Jahre. Wir sind einander irgendwann einmal über den Weg gelaufen. Wir sind ins Gespräch gekommen und haben einander sofort gemocht. Sie ist eine kluge und couragierte Frau, man kann über alles mit ihr reden. Sie unterstützt mich auch bei meinem Projekt. Einige der Freiwilligen, die bei ihr arbeiten, kommen zu mir. Wir treffen einander immer wieder auch in der Kirche, wenn sie in Karachi ist. Ich habe mich anfangs gewundert, woher eine so zierliche, kleine Frau all diese Energie nimmt. Aber im Laufe der Jahrzehnte wundert einen hier nichts mehr. Sie ist immer noch da, Jeannine und Berenece auch. Ohne sie – das steht für mich ganz eindeutig fest – hätte Pakistan die Lepraproblematik nie in den Griff bekommen. Als ich vor fast einem halben Jahrhundert in diese Ecke der Welt gekommen bin, wusste auch ich nicht, dass Lepra noch existiert. Ich war schockiert und angewidert. Kein Politiker, kein Vorsitzender einer Partei hat es gewagt, zuzugeben, dass in Pakistan Lepra existiert. Dass sich das geändert hat, ist Ruth Pfaus Verdienst. Diese Frau hat auch mir oft Wege zu Politikern geebnet, sie hat mir geholfen, Sponsoren aufzutreiben. Was glaubt ihr, wie schwierig es ist, in einem Land unterhalb der Armutsgrenze das nötige Geld für Drogenprogramme zu bekommen? Und trotzdem müssen wir alles tun, gerade den Süchtigen ihre Menschenwürde wieder zu geben – und das tun wir auf unserer Drogen-Farm."

„Clean Town" – die Drogenfarm

Als wir nach fünf Stunden Fahrt das Tor zu den Kornfeldern passieren, sind wir geschafft. Aber dürfen wir überhaupt über die Müdigkeit klagen bei dem, was die meisten Jugendlichen an diesem Flecken Erde in der sengenden Hitze Pakistans leisten müssen? Viele dösen gerade im Schatten, so unbarmherzig knallt die Sonne auf den trockenen Boden. „Bei dieser Hitze darf niemand draußen arbeiten", sagt der Chef von „Clean Town". Mehr als 50 Grad zeigen die Thermometer. Die meisten der Männer, die *farming* als Therapie betreiben, haben sich in die Küche zurückgezogen. Dort gibt es kaltes, frisches Wasser und Obst, dort gibt es den Zuspruch von Bruder Normann. Wer in „Clean-Town" lebt, der schließt auch Freundschaft mit dem Geistlichen aus Chicago. Dafür muss der Patient allerdings einen langen Weg gehen. Länger als der, den wir heute hierhin zurückgelegt haben.

Mitten im Grünen, zwischen Treckern, Bananenbäumen und Maisfeldern stoppt unser altersschwaches Fahrzeug. Jugendliche kommen aus der Küche, einige erheben sich von ihren Lagern unter den Bäumen. Endstation Drogen-Farm. Hier versuchen 180 Männer einen neuen Anfang. Viele schaffen es, viele schaffen es nicht. „Statistiken gibt es nicht, aber die Erfolgsquote dürfte bei 50 Prozent liegen", schätzt der Geistliche, der einen kurzen, weißen Stoppelbart trägt.

Die bloße Existenz einer solchen Farm muss bereits als Erfolg gelten. Die Süchtigen werden, wenn alles gut geht, wieder eingegliedert in die Gesellschaft. Das soll über den Umweg mit Axt, Spaten und Kochlöffel geschehen. „Alle machen hier alles", sagt Bruder Norman. „Mal ist es Küchendienst, dann müssen sie Holz hacken, dann Land bewirtschaften, manchmal auch nähen und waschen." Das war für die Männer neu, anfangs ein Gräuel, denn die Pakistanis sind Machos – und nur Frauen gehören in die Küche und an den Waschtrog.

Auch dagegen kämpft Ruth Pfau an, und sie findet in Norman einen engagierten Mitstreiter. Hier kämpfen die Insassen (das wohl treffende Wort, denn an die Füße werden bisweilen Ketten gelegt) gegen ihre Sucht und vor allem gegen die Hitze. Die glühende Sonne scheint der mächtigere Gegner zu sein. Zwischen elf Uhr und halb drei steht die Zeit still. Gott sei dank haben die Süchtigen nicht nur einen funktionierenden Herd, sondern auch ein ausgezeichnetes Wasser-Förderungsprogramm. „Heute kommen wir fast an die 60°C", sagt der Geistliche und rückt seinen Hut zurecht. Allein beim Hinschauen auf den sandigen Boden läuft der Schweiß. Barfuß gehen ist nicht möglich, die Erde dampft.

Sechs Monate Drill heißt die Devise. Widerstand ist nur gegen die Hitze erlaubt. „Die Jungen durchlaufen ein Zwölf-Punkte-Programm, die letzten Ebenen der ‚Entziehung' setzen auf militärische Normen. Bei der Armee ist es auch nicht anders", sagt Bruder Norman. „Da müssen die Männer durch." Den Patienten scheint es gut zu tun. „Das Essen ist o.k., die Betreuung und die Unterkünfte auch", sagt Asherzad, der seit vier Monaten auf der Farm lebt und bisher drei Krisen überlebt hat. Hand- und Fußfesselungen helfen der Farmleitung, dass die Regeln eingehalten werden. Hart statt herzlich – „aber wohl die einzige Möglichkeit, die hier in Pakistan praktiziert werden kann", meint der Bruder.

„Ich werde mir ein kleines Stück Land kaufen", erzählt Asherzad. Wenn er sich bewährt, dann wird sich der Farmvater für einen Kredit stark machen – oder vielleicht über seine Stiftung selbst einen geben. Manchmal hilft auch Ruth Pfau mit Geld aus. Einen Beruf hat Asherzad bisher nicht ausgeübt. Die Polizei schnappte ihn auf frischer Tat beim Marihuana-Verkauf. Er hatte Glück, dass er nicht ins Gefängnis kam. Inzwischen ist dem früheren Dealer klar, was das bedeutet hätte: „Was habe ich für ein Riesenglück gehabt, Bruder Norman zu treffen. Er hat sich sofort für mich eingesetzt und mich zu sich auf die Drogen-Farm geholt." Von Ruth Pfau wissen wir schon um die Zustände in pakistanischen Gefängnissen. Wir haben selbst eines gesehen und können Bruder Norman gut verstehen, als er sagt: „Ich kann nur jedem abraten, einmal den Freizeitwert der hiesigen Gefängnisse zu testen."

Da haben es die knapp 200 Farmer hier auf dem Gelände deutlich besser. Sie essen, was sie anbauen. Und selbstgezogenes Gemüse schmeckt und motiviert. Nach den sechs Monaten auf der Farm können die Insassen in eine Durchgangsstation nach Karachi gehen. Dort gibt ihnen Bruder Norman ein Heim und vor allem Schutz vor den Gefahren, die labilen Menschen in einer Großstadt drohen. Die meisten Farmerinsassen machen von diesem Schutzhaus auch Gebrauch. Natürlich klagt der Bruder Norman ebenfalls über große Probleme mit der Finanzierung seines einmaligen Projekts. Wer gibt in einem armen Land schon Geld für Drogenabhängige? Gut, dass es eine Freundin aus Ohio gibt und einen findigen Chinesen, der den Geistlichen im Farm-Management und der Public Relation unterstützt. Norman berichtet voller Zuversicht: „Wir versorgen uns auf der Farm natürlich selbst. Wir produzieren Überschüsse, verkaufen Obst, Gemüse und Getreide auf den Märkten – aber das reicht eben nicht. Darum geht die Freundin aus den USA jetzt für uns sammeln."

Bevor die Sonne untergeht, tuckert der letzte Trecker in die Scheune – heute abend ist TV-Zeit, und wir verabschieden uns schnell. Die Burschen haben sich aufgestellt und winken mit ihren Hüten. Die dunkle Seite dieser Farm haben wir nicht kennen gelernt. Es gibt natürlich Rückfälle. Und dann, sagt Bruder Norman, kann es rau zugehen. „Wir müssen die Burschen, die wieder zu Patienten geworden sind, in einem solchen Fall anketten und ruhig stellen. Es kommt vor, dass einige durchdrehen, und natürlich schmuggeln einige unserer Leute auch Drogen mit auf die Farm. Da kennen wir dann in der Regel kein Pardon. Das würde die gesamte Arbeit in Gefahr bringen."

Alltägliche Willkür

Minuten später sind wir selber in Gefahr. Völlig unvermittelt. Von oben kracht etwas aufs Dach, ein Stein prallt zur Seite weg und vor uns schnellen Nagelbretter hoch. Ein Menschenauflauf, Geschrei,

Frauen weinen und zwei verwegen ausschauende Gestalten, einer mit einer Kalaschnikow im Anschlag, kommen auf uns zu. „Und, was ist hier los?", fragt unser Freund, der Bruder. Die Männer lassen sich vom Gewand des Geistlichen nur wenig beeindrucken und verlangen Wegegeld: „Wir kriegen ein paar Hundert Rupies, sonst gibt's Ärger", sagen sie, und der eine fuchtelt unmissverständlich mit seinem russischen Qualitätsfabrikat herum. Zufällig schauen die Männer auf die Seitenansicht unseres Jeeps. Der Kleinere gibt dem Gewehrträger einen Stoß in die Seite. Zum Glück ist dieser nicht schreckhaft ist, sonst hätte er geschossen und er zielte doch direkt auf den Beifahrersitz, wo der Bruder nach einer Brieftasche gesucht hat. Die beiden Männer murmeln sich irgendetwas zu und fragen dann: „Ruth Pfau?" Der Fahrer nickt und beginnt eine Unterhaltung mit den beiden Geldeintreibern. Sekunden später nehmen die beiden raubeinigen Burschen Haltung an und bellen einen Befehl nach vorn durch. Von einem auf die Straße ragenden Ast aus ziehen zwei Kinder die Nagelbretter an Seilen nach oben. Der Mann mit der Kalaschnikow wünscht eine gute Fahrt.

Wir gratulieren uns zu einer glücklichen Fügung. Weil der Wagen des Bruders eine Panne gehabt hatte, mussten wir ein MALC-Fahrzeug des Teams von Ruth Pfau nehmen. Allein der Aufdruck auf dem Wagen hat uns jetzt eine Menge Ärger erspart. Genaueres erfahren wir am nächsten Tag aus der Zeitung. Eine Eliteeinheit hatte eine Wohnung gestürmt. Blendgranaten und viele Feuerstöße sowie ein Bulldozer mit drei Polizisten an Bord brachten das Haus durch den Sturmangriff fast zum Einstürzen. Das Stahlungetüm zerquetschte den offenbar völlig unschuldigen Hausbewohner. Die Polizisten wollten einen Cousin des Toten verhaften, der Mitglied einer Räuber-Bande war. Bis auf das Opfer war niemand zu Hause gewesen. Die Polizei zog wieder ab, ließ ein verwüstetes Haus und eine Leiche zurück – das weckt verständlicherweise Wut. Der Protest der Dorfbevölkerung gegen die Polizei-Willkür führte Männer, Frauen und Kinder auf die Straße. Dort entlud sich ihre Aggression, sie begannen, Autos anzuhalten und Wegezoll zu kassieren.

Eine halbe Stunde später war die Exekutive wieder da: Polizisten schlugen die Demonstranten nieder. Als die Menschen in Panik flohen, blieb eine zweite Leiche zurück. In diesem Dorf wird es immer wieder zu Ausschreitungen kommen. Es wird in diesem Polizeistaat auch keine Entschuldigung geben. Die Kommandanten werden lakonisch sagen: „Ein Toter. Na und?" Er hatte eben die falschen Verwandten.

Während der Zeitungslektüre am nächsten Morgen steigt in Ruth Pfau die Wut auf. Dass sich die Menschen eines Volkes noch immer so etwas antun können, das kann und will sie nicht begreifen.

Als ich ihr erzähle, dass auch ich sehr wütend bin, nickt sie. Es gefällt ihr zusehends, dass auch wir nun gegen das Unrecht kämpfen wollen. Mit dem Auto machen wir uns auf den Weg zu einer Menschenrechts-Vereinigung. Wir treffen auf Zia Ahmed Awan, den Präsidenten von „lawyers for human rights & legal aid", also des Vereins, der sich um die täglichen Menschenrechts-Verletzungen in Pakistan kümmert. „Da müssen wir hin, mit dem arbeiten wir ganz eng zusammen", hatte Ruth Pfau vorher gemeint. Er ist auch ein Partner ihres weit verzweigten Netzwerks. Zia Ahmed Awan notierte den von uns geschilderten Fall und machte sich auch Notizen über ein Ereignis, das sich ein paar Tage zuvor in Islamabad zugetragen hatte.

Wir filmten gerade den Besuch von pakistanischen Journalisten auf der Lepra-Station von Ruth Pfau, als uns eine verzweifelt wirkende Frau anspricht. Wo wir herkommen, will sie wissen und gibt sich dann gelassener: „Dann verstehen Sie ja, was Demokratie ist." Sie drückt uns ein Blatt Papier mit der Telefonnummer eines „Freundes" in die Hand: „Der ist auf einem Internat, auf dem die Schüler gefoltert werden. Es sollen auch schon ein paar gestorben sein", sagt sie und drängt: „Mein Bruder ist auch da, kümmern Sie sich bitte darum. Mir hört in diesem Land sonst niemand zu." Die Telefonnummer ruft Ruth Pfaus Direktor Mervyn Francis Lobo selbst an. Ein Anonymus am anderen Ende der Leitung nennt Namen, Geschichten, Verbindungen und Daten.

Diese übergeben wir dem Anwalt für Menschenrechte. Der zieht die Augenbrauen hoch: „Von einem solchen Fall ist mir noch nichts bekannt geworden. Aber wir werden uns darum kümmern. Wir erfahren mittlerweile viel Unterstützung. Auch von Frau Pfau. Sie ist eine sehr mutige Frau, von der ich weiß, dass sie sich nicht einschüchtern lässt. Solche Leute braucht unser Land."

Ruth gibt das Kompliment zurück: „Ohne die Courage von Herrn Awan würden viel mehr Jugendliche im Gefängnis sitzen. Aber weil er – und viele andere Leute aus seinem und meinem Netzwerk – aufstehen gegen das Unrecht, schaffen wir es immer öfter, die Rechte der Menschen in einem Polizeistaat durchzusetzen. Das gibt uns Mut und Kraft für die Zukunft." Ernst antwortet er: „Mut und Kraft werden wir auch brauchen, aber es stimmt uns doch sehr hoffnungsfroh, dass immer mehr junge Leute mit Bildung und entsprechenden Positionen uns unterstützen. Viele Menschen haben erkannt, dass ein Unrechtsstaat international isoliert und die nötige Hilfe gestrichen wird. Die Globalisierung wird uns auch helfen, auf dem Weg zu einer Demokratie schneller voranzukommen."

Draußen warten Klienten, von denen erstaunlich viele Frauen sind, die offenbar den Mut gefunden haben, sich juristischer Hilfe zu bedienen. „Ich werde Sie in unseren Fällen auf dem Laufenden halten. Vielleicht können Sie mir dann auch über europäische Verbindungen weiterhelfen." Der Anwalt, der am Obersten Gerichtshof zugelassen ist, wusste auch über den Fall der Liebenden aus dem Gefängnis von Quetta Bescheid. Ihm imponierte, dass sich Menschen aus Deutschland, Österreich und der Schweiz für die Inhaftierten eingesetzt haben. „Auch diese Beispiele machen uns Mut", ruft er uns zu, bevor wir aus der Tür hinaustreten.

Polizisten haben derweil unser Auto bewacht. Die Straße war eigentlich gesperrt, weil eine Bombendrohung eingegangen war. In den ärmeren Vierteln der Stadt wird das kaum beachtet, hier, in Nähe der Botschaften, wimmelt es nur so von Polizei. Doch wir gehören nicht zu den üblichen Verdächtigen. Der Jeep von Ruth Pfau darf passieren.

Unser nächstes Ziel ist ein Fischerdorf im Großraum von Karachi, dieser Millionensiedlung am Indischen Ozean.

Die Not der Fischer von Karachi

Die Route führt über endlos stinkende Mülldhalden, über eine Krabben-Fabrik und Hühner-Farm hin zu einem offenbar von der Welt verlassenen Fischer-Dorf. Hier leben noch einige Lepra-Patienten und Blinde. Ihre Blicke sind starr, sie signalisieren Furcht. Von spielenden Kindern, die wir sonst überall gesehen haben, findet sich hier keine Spur. „Einige sind zu schwach, um draußen herumzutoben", sagt der Dorf-Chef.

„Wir tun, was wir können, aber wir fangen kaum noch Fische."
Die, die sie fangen, sind wegen des Tanker-Unglücks – im Som-

Wie ein verendeter Wal liegt die Silhouette der „Tasmanian Spirit" im Wasser. Helfer entsorgen den Ölschlamm und die toten Vögel

mer 2003 sank im Hafen die „Tasmanian Spirit" und verseuchte die Küstenregion – größtenteils ungenießbar. Diese Menschen, die vom Fischfang leben konnten, sind nah am Verhungern. Ruth Pfau organisiert Lebensmittel-Transporte für die arbeitslosen Menschen. Einige der Männer gehen mit ihren Familien betteln, die Alten sitzen am Ortsrand und warten auf Arbeit. Das von Netzen umspannte Fischer-Dorf wirkt ruhig. Von Hektik keine Spur, wie im tiefen Schlaf gibt sich die Ansiedlung – und vom Wasser zieht der Geruch von verfaultem Fisch herüber.

Das Meer scheint wie die Menschen träge und paralysiert zu sein. Im Zeitlupentempo rollen verdreckte Wellen auf die Küste zu – und bringen Ölklumpen mit. „Früher haben wir jeden Tag zwar nicht viel gefangen und verkauft, aber es waren erträgliche Zeiten. Aber jetzt..."

Ein Familienvater berichtet: „Sie lassen uns nicht durch zu den Fischgründen, die Wasser-Polizei verjagt uns." Der 33-Jährige ist nicht einmal wütend, er hat resigniert: „Ich habe schon tagelang kein Geld mehr eingenommen, wir haben nichts mehr zu essen und der Staat gibt uns nichts." Ruth Pfau sagt: „Es gibt hier seit Jahren Patienten, die wir betreuen. Wir sind jetzt in großer Sorge, dass unsere Mühen vergeblich waren."

Sie hat sich sofort, als sie von der Notsituation der Fischer von Karachi gehört hat, mit der Stadtverwaltung angelegt. Warum diese denn keinen Notstands-Fond für derartige Unglücke hätten? Wie man es zulassen könne, dass Menschen, die nun wirklich nichts dafür können, dass ein schrottreifer Tanker auseinander bricht, vom Hungertod bedroht werden? „Eigentlich gehören diese schwimmenden Schrotthaufen auf den Friedhof. Sie verursachen immer wieder Unfälle, verseuchen die Umwelt, Millionen Fische und Vögel sterben – und dann vielleicht auch noch die Menschen, die vom Fischfang leben. Das ist Skandal genug. Aber dass jetzt der Staat Hunderte von Millionen Euro als Wiedergutmachung will und kein Geld herausrückt, um den Fischern von Karachi zu helfen – das ist noch schlimmeres Unrecht. Das ist unfassbar."

Pfau-Assistent Veno untersucht hungernde Kinder im Fischer-Dorf von Karachi

Fatma schüttelt traurig den Kopf. Sie sitzt auf einem Bett vor der Hütte auf dem matschigen, ölverschmierten Lehmboden und weint: „Mit Lepra kann ich doch nicht arbeiten. Ich würde betteln gehen, aber mir gibt doch dann niemand etwas." Da hat es ihre Schwägerin besser. Sie wurde am Grauen Star operiert und kann nun, nach Monaten völliger Blindheit, wieder sehen. Sie hat eine Arbeit als Hilfskraft am Pier von Karachi-Hafen gefunden. Es ist nicht das bisschen Geld, das ihre Familie die schwierige Situation überleben lässt, es sind vielmehr die Fische, die früh morgens von den Männern, die auf hoher See gewesen sind, für sie liegen gelassen werden. Im Dorf wird sie empfangen wie eine Königin, denn sie bringt auch für andere Dorf-Bewohner Meerestiere mit, die von weit draußen kommen, wo der Ozean noch sauber und der Fang noch genießbar ist.

Zwei Fischer kommen wütend mit leeren Eimern heim. Sie erzählen, was wir schon gehört haben: „Die Wasser-Polizei hat uns auch diesmal wieder mit Waffen an der Durchfahrt zu einem uns bekannten Fischgrund gehindert. Die wissen doch, dass wir ums Überleben kämpfen!"

Die Situation ist schwierig, aber der Bildungsstand der Menschen am Meer macht es nahezu unmöglich, ihnen zu erklären, dass es wenig Zweck hätte, zu den Fischgründen zu fahren. Denn entweder sind die Fische sowieso verendet oder sie sind ungenießbar vergiftet. Das bedeutet für die Fischer eine noch größere Gefahr. Aber Einwände zählen nicht.

Ruth Pfau kennt Situationen wie diese: Wichtig ist das Hier und Jetzt. Haben nicht auch damals, als Deutschland in Schutt und Asche gelegen hat, Kriegsgefangene Baumrinde gegessen? Weil sie etwas im Magen haben wollten! Irgendetwas. Dass man daran sterben konnte, war den Männern in diesem Moment völlig egal. Und auch Kinder, junge Frauen und alte Männer wollten nur eines – essen.

Es ist völlig egal, was es zu essen gibt. „Trotzdem kontrollieren wir gründlich und mit aller Strenge, ob der Fisch auch genießbar ist", sagt ein Sprecher der Stadtverwaltung. Große Worte werden gelassen ausgesprochen.

Wir sehen einen Lkw mit einer Ladung Fisch vorbeifahren. Einer der Männer aus dem Dorf hält ihn an. Der Junge auf der glitschigen, stinkenden Ladung hört dem Anhalter zu und klatscht ihm einige Eimerladungen auf den Boden. Begierig sammelt der Mann den übel riechenden Fisch ein. Diese Makrelen hätten wir nicht mal mehr einer hungrigen, entlaufenen Katze angeboten. „So, wir fahren wir jetzt zum Markt weiter", winkt Musztafa von der Ladefläche. Aufgeregt rufend läuft der Beschenkte glücklich ins Dorf zurück.

Hinter einem Haus hocken ein paar Männer zusammen. Als wir uns dazugesellen, verstummen die Gespräche. Später, die Männer haben Vertrauen gefasst, weihen sie uns ein: „Wir wollen die Patrouillen-Boote ablenken, damit wir zu unseren Fischgründen kommen." Allzu ausgeklügelt scheint der Plan nicht zu sein. Mervyn wirft noch ein, dass das Risiko doch in keinem Verhältnis zu dem möglichen Fang stehe, weil der Fisch doch aller Wahrscheinlichkeit nach verseucht sein dürfte. Er findet kein Gehör. Eine Stunde später, die Sonne geht gerade unter, sehen wir, wie zwölf Männer zwei Einmaster ins Wasser schieben. Hoffentlich fangen sie nichts, denn dann wird das ganze Dorf von giftigem Fisch bedroht.

Am nächsten Tag will Ruth persönlich bei der Stadtverwaltung vorsprechen und erneut Lebensmittel in das Dorf schaffen lassen. Sie wird selber Mittel beisteuern, um Nahrung zu kaufen. Dabei ist es ihr ganz gleich, aus welchem Fond das Geld stammt. „Leben ist in Gefahr – da brauche ich keine Rechtfertigung."

Der Strand der Schildkröten

Spät abends telefonieren die Helfer aus dem Pfau-Team mit dem pakistanischen World Wide Fund for Nature. Erstaunlich, wie groß dieser Verein in diesem Land ist, in dem es für die Menschen noch so viel zu tun gibt! Ruth hatte die Vorstellung keine Ruhe gelassen, dass „Turtle Beach" verseucht sein könnte. Und „Turtle Beach" heißt nicht nur für Ruth Pfau so viel wie ein öffentliches Wunder Gottes. Wir werden Zeuge eines nur an vier Orten in der Welt stattfindenden Schauspiels.

Die große Bühne für das Ereignis liegt gute 50 Kilometer von Karachi entfernt. Swani, einer der PR-Manager aus dem Pfau-Team, baute eventuellen Enttäuschungen vor: „Seit 24 Jahren fahre ich jetzt Anfang September nach ‚Turtle Beach' hinaus, ich habe noch nie diese wundersamen Geschöpfe getroffen."

Aber in dieser Nacht sollte alles anders sein. Nachts in Turtle Beach – unsere Gehirne speichern Bilder, die wir nie vergessen werden: Die Wolken verdecken den Mond, die Gischt der Wellen zischt herüber und erfüllt die Luft mit nie gerochener Frische, vergessen sind die Abgase und das Gehupe aus dem Moloch Karachi.

Am Strand warten die Männer des World Wide Fund for Nature bei einem flackernden Lagerfeuer auf uns. Wir hätten dieses Wun-

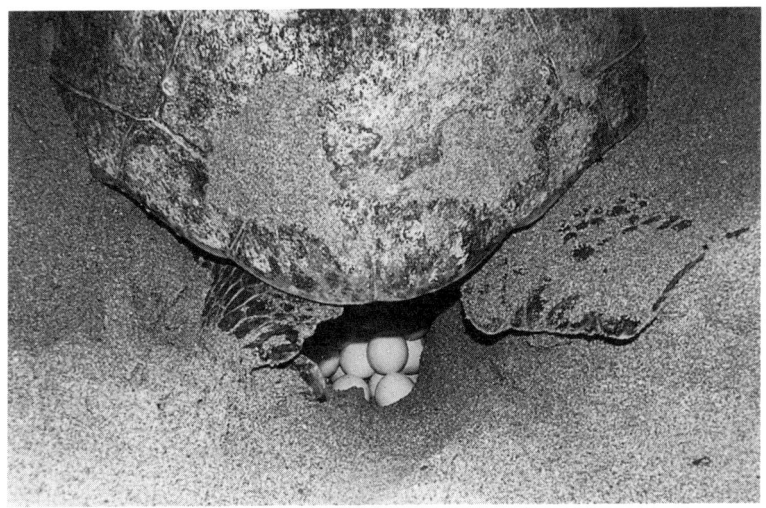

Das Wunder Natur hat einen Namen: Eine Riesenschild-Kröte beim Eierlegen in Turtle Beach

der der Natur sonst sicherlich verpasst. Im Schein unserer Scheinwerfer tauchen plötzlich massive Schwimmkörper auf. Riesenschildkröten. Sie schieben sich über den Strand. Wir erleben in dieser Nacht wirklich ein Wunder von unglaublicher Schönheit. Zwei weitere Schildkröten machen sich daran, die Herrschaft über den Strand zu übernehmen. Die riesigen Meeresbewohner folgen dem Weg, den heute im Schutz der Dunkelheit schon andere Artgenossen genommen haben müssen. Die tiefen Schleifspuren am Strand sind unübersehbar. Wie von einem Amphibienfahrzeug, das aus der Tiefe des Meeres in Turtle-Beach gelandet ist.

Wir gehen im Schein der Taschenlampe den Spuren nach und stehen vor einer Mulde, die aus dem Nichts entstanden ist. Drin sitzt eine dieser „Grünen Schildkröten". Wie ein riesiger Rucksack klemmt ihr Panzer auf dem Rücken. Das massige Tier wirkt ein wenig verängstigt. Es schaufelt mit seinen Hinterbeinen das große Loch immer tiefer. Die Schildkröte schnauft und jetzt drehen wir den Scheinwerfer ab. Sie pflügt mit starken, gleichmäßigen Bewegungen durch den Sand. Den Aushub verteilt das mehr als 250 Kilo schwere Exemplar wie auf einer Baustelle gleichmäßig am Rand des Lochs. Hier werden innerhalb der nächsten Stunden Eier abgelegt. Wir suchen nach weiteren Exemplaren dieser anmutigen Meeresbewohner, die seit Jahrtausenden immer wieder Anfang September an diese Strandstelle kommen. Es sind sorgsame Mütter, die dafür Sorge tragen, dass ihre Spezies nicht ausstirbt. Das nächste Pracht-Exemplar liegt tief eingegraben einige hundert Meter weiter und schaufelt, im Zeitlupentempo, aber mit großer Exaktheit. Aus dem Meer schleppt sich erneut ein liebliches Ungeheuer an den Strand. Erst jetzt merken wir, dass das gigantische Tier aus dem Meer einige Pausen einlegen muss, denn das Gewicht drückt auf die Lungen. „Die Eier kommen, das gibt's doch nicht, das kann doch gar nicht sein", Swani kann sein Glück gar nicht fassen. Als eine heftige Brise die Wolken beiseite schiebt und der volle Mond die Szenerie beleuchtet, sehen wir alles in unglaublicher Klarheit. Die Mutter-Schildkröte lässt sich beim Eierablegen nicht stören. Mit dem Panzer liegt sie in einer etwa 45-Grad-Neigung in dem Loch, und immer wieder fallen die Tischtennisball großen Eier in die Grube, in einem steten, lebendig wirkenden Rhythmus. Bis zu 150 Eier legt jede Schildkröte in einer solchen Nacht – und es sieht aus, als ob sie dabei vor Freude weinten. Die biologische Erklärung ist natürlich weitaus rationaler: Der Pressvorgang lässt diesem in seiner Massigkeit sehr wohl anmutigen Geschöpf die Drüsen anschwellen und so produzieren die Augen ein Sekret.

Wie dankbar wir sind, dabei sein zu dürfen. Es ist wie ein Wunder, ich bin zu Tränen gerührt.

Swani bedankt sich: „Wie gut, dass ihr mich bedrängt habt, euch zu begleiten!" In 40 Tagen soll das Wunder vollendet werden, die Tiere werden schlüpfen. Die WWF-Mitarbeiter beschützen die Eier rund um die Uhr zuerst einmal vor Hunden und anderem streunenden Getier – und wenn es Ernst wird für die jungen Erdenbürger, dann wissen die Natur- und Tierschützer auch den Weg der Baby-Schildkröten ins Meer zu sichern. Möge ihnen das gelingen.

11. Kapitel
Ein riskantes Leben

In einem afrikanischen Dorf planten die Aufständischen einen Überfall auf ein Internat, in dem 200 Missionarskinder lebten. Die Kinder und ihre Lehrer sollten getötet werden. Sie alle wussten von der Gefahr und waren zusammengekommen, um zu beten. Ihr „Schutz" bestand in einem Bambuszaun und einer handvoll Soldaten. Die heranrückenden Rebellen waren eine Gruppe von ein paar hundert Mann. Als sie unmittelbar vor der Schule waren und sie bereits umringt hatten, geschah etwas Sonderbares: Sie kehrten um und verschwanden. Am nächsten Tag kamen sie wieder, und auch am dritten Tage. Aber keiner tastete die Schule an. Einer von den Rebellen wurde als Verwundeter in das Missions-Hospital der gleichen Station gebracht. Als der Arzt seine Wunden behandelte, fragte er: „Warum seid ihr nicht in die Schule gekommen? Warum habt ihr euren Überfall nicht ausgeführt?" „Wir fühlten uns nicht stark genug. Das merkten wir erst, als wir vor der Schule standen. Wir wussten nicht, dass so viele Soldaten dort stationiert waren – die vielen mit den weißen Uniformen."
„In Afrika haben Soldaten nie weiße Uniformen. Es müssen Engel gewesen sein. So hat der Herr den Feinden die Augen geöffnet, dass sie Engel sehen konnten. Wir Kinder Gottes brauchen sie mit unseren leiblichen Augen nicht zu sehen. Wir schauen die unsichtbaren Dinge mit unserem Glauben."

Solche oder ähnliche Geschichten aus dem wirklichen Leben hat die niederländische Autorin Corrie ten Boom, die erst 1983 gestorben ist, immer wieder erzählt. Das muss etwa 60 Jahre her sein – und als diese Holländerin in Marburg vor katholischen Studenten über den Gott der Liebe und über Verzeihen referierte, saß eine junge Medizinstudentin vorne in der ersten Reihe und hörte fasziniert zu: „Ich glaube, dass mir Corrie ten Boom damals den Weg hinaus in die Welt bereitet hat", sagt Ruth Pfau heute.

Corrie ten Boom war von den Deutschen ins KZ gebracht worden und noch dort sprach sie über die Liebe Gottes. Und sie tat es weiterhin, als sie Jahre nach ihrer glücklichen Flucht einen ihrer Peiniger von damals traf. Sie erkannte ihn auf der Straße wieder, ging auf ihn zu und begrüßte ihn. Sie hatte ihm verziehen. Zehntausend Kilometer weiter und mehr als 60 Jahre später sitzt Ruth Pfau auf dem Dach ihres Lepra-Krankenhauses in Karachi und erzählt von der Liebe Gottes. Sie erzählt auch andere Geschichten, verückte, komische, traurige. Es sind im Kern aber immer Geschichten davon, dass am Ende doch alles gut geht. Sie mag es eben nicht, wenn es nicht gut geht. „You can go for it" ist das, was sie manchmal sagt, und es sagt viel mehr, als es heißt. Du kannst es schaffen. Jeder kann den Kampf gegen Goliath gewinnen. Du kannst als Gesunder die Marathon-Strecke bezwingen. Das kannst du auch als Behinderter, als Blinder, wenn dir einer zeigt, wohin du laufen musst. Du kannst andere motivieren, den Weg zu gehen, den auch du gehst. Gemeinsam seid ihr stark. Wie oft erzählt diese willensstarke Person aus Leipzig: „Und es geht *doch*, irgendwie." Hätte sie sich sonst aufgemacht, einen Weg bis ans Ende zu gehen? Hätte sie sonst versucht, sich so viel auf dem Weg aufzuladen? Etwas geht nicht? Das gibt es nicht. Nicht in ihrer Welt.

Umkehr ist möglich

Sie erzählt die Geschichte von einem einstmals jungen Mann: „Er kam krank in die Hochburg der Leprabekämpfung. Ein junger, bildhübscher Bursche. Wir haben ihm geholfen. Er begann sich für unsere Arbeit zu interessieren. Er wurde unser Freund. Eines Tages war eine deutsche Medizin-Studentin zur Hospitanz bei uns. Sie hatte eine schöne Ledertasche. Mit ihr verschwand unser junger Freund. Wir haben ihn gesucht – und wir haben ihn suchen lassen. Er ist abgetaucht, und wir haben ihm über Mittelsmänner Nachrichten zukommen lassen. Es war doch keine Katastrophe. Eine Katastrophe aber war es, dass er abgetaucht war und sich nicht mehr behandeln ließ. Er blieb verschwunden. Ich habe oft an ihn gedacht und mich gefragt, was wohl aus ihm geworden ist. Dann – eines Abends – ich wollte gerade ins Bett gehen, klopfte es an der Tür zu meinem Appartement. Ich öffnete und vor der Tür stand ein Mann, der Finger verloren hatte, der wirr schaute, aber sein Blick wurde klarer als er mich fragte: „Frau Doktor, erkennen Sie mich?" Natürlich erkannte Frau Doktor ihn sofort. „Wie lange war das jetzt her?" „30 Jahre", sagte er, weil er ihren fragenden Blick richtig gedeutet hatte. 30 Jahre lang war dieser Mann verschwunden, aus Scham, weil er der Verlockung einer Ledertasche nicht hatte widerstehen können.

Und wenn wir Ruth Pfau richtig kennen gelernt haben, dann ist ihr in dem Moment das Herz aufgegangen. Der Gesundheitszustand dieses Mannes war miserabel, er hatte eine Lungenüberdehnung. Sein Blut war voller Viren. Ob er das Krankenhaus lebend verlassen würde, war fraglich. Aber ihr war klar: Wenn er diese Welt verlassen muss, dann verlässt er sie mit reinem Gewissen. Dann ist auch seine verworrene Geschichte zu einem guten Ende gekommen. Sie streicht sich mit einer Hand über den anderen Arm. Eine Geste des Nachdenkens, des Innehaltens in ihrer „so verrückten" Welt.

Im Lepra-Ghetto, wo alles begann

Ruth Pfau sitzt noch immer ganz entspannt inmitten der Rosen auf dem Dachgarten ihres Marie-Adelaide-Leprosy-Centers. Hier in ihrem Zentralkrankenhaus, wo alles begann und von wo aus Menschen begannen, in den Norden Pakistans, nach Kaschmir, aber auch nach Afghanistan zu ziehen. „Wir sind ja immer der tödlichen Krankheit entgegengegangen, wir haben sie gesucht, wir haben nicht gewartet, bis sie zu uns kam." Als Ruth Pfau vor 44 Jahren zum ersten Mal nach Karachi kam, da ging sie auf die Lepra zu, sie stellte sich einem Problem, das offiziell gar nicht existierte. Das Lepra-Ghetto war fest in der Hand des Todes, es schien, als sei der schlimmste Gegner des Menschen übermächtig. Wohl auch, weil Lepra verleugnet wurde, hatte der Tod eine solche Kraft.

„Wahrheit und Wissen sind Macht", sagt die 75-Jährige, „wer Wahrheiten nicht akzeptiert, der verliert." Verlieren wollte sie nicht. Sie nahm den Kampf auf. Und langsam begann sich Ruth Pfau vorzukämpfen. Die Konflikte der Menschen untereinander und der Starrsinn der Bürokraten waren das größte Problem. „Was glaubt ihr, wie schwierig es war, überhaupt ins Ghetto hineinzukommen. Da standen bis an die Zähne bewaffnete Männer als Wache. Aber der Tod folgt keinen Regeln. Der nimmt sich, wen er kriegen kann. Ob das nun Hindus oder Moslems oder Christen sind." Ruth Pfau aber wollte als Ärztin helfen: „Wir haben nicht lange überlegt, ich weiß nicht, ob wir das heute noch so unbekümmert tun würden. Wir sind auf die bewaffneten Männer zugegangen und haben gefragt, ob sie nun ihre Leute beschützen wollen, denn dann müssten sie uns hineinlassen. Dann müssten wir auch Leute mitnehmen, damit sie überleben. Wenn sie uns aber am Durchgang hindern würden, dann könnten sie eigentlich schon jetzt abziehen, denn Bewachung bräuchten die Menschen ja dann bald nicht mehr – sie wären sowieso alle tot."

Die schwer bewaffneten Beschützer konnten sich dieser Logik nicht entziehen. Anderen Wachtruppen, häufig vom Staat eingesetzt, sagte sie lapidar: „Ihr könnt euch jetzt überlegen, ob ihr uns erschießt, wenn wir hier hineingehen und Leute herausholen, die sonst sterben müssen – oder ihr lasst es bleiben. Wenn ihr uns erschießen solltet, dann müsst ihr euch natürlich später eine ganze Menge Fragen gefallen lassen. Das steht fest. Ebenso fest steht, dass wir jetzt hier durchgehen."

In diesem gefürchteten Lepra-Ghetto, neben dem Hauptbahnhof im Zentrum von Karachi, sind sich Ruth, Berenece und Jeannine zum ersten Mal über den Weg gelaufen. Alle drei haben es überlebt, bis heute. Ruth Pfaus Schulfreundinnen treffen sich währenddessen in Leipzig alle fünf Jahre zum Klassentreffen, so sie denn noch leben. Auf die wilde Schwester Jeannine trinken einige Klassenkameradinnen beim Kaffeekränzchen in Belgien sicherlich den einen oder anderen Eierlikör.

Aber hier, in einer anderen Welt, fragen sich die Frauen, die im Zentrum solcher Abenteuer stehen: Ist es das gewesen? Oder anders gefragt: Was wird noch kommen? Wie weit bin ich meinen Weg gegangen? Oder: Was kann ich mir in meinem endlichen Leben denn noch auf die Schulter laden? Aber auch die Angestellten im Lepra-Projekt haben einiges zu ertragen.

Einer der Lepra-Assistenten erzählt uns seine Geschichte. „Wenn Doktor Pfau sagt, dass man bereit sein muss, für ihr Werk zu sterben, dann ist das leider wahr. Man hat meinen Bruder erschossen, und der Täter ist nie gefasst worden. Wir müssen jetzt dafür sorgen, dass seine Familie durchkommt, denn die Rente, die die Witwe erhält, reicht nicht wirklich aus." Der Lepra-Assistent ist verbittert. Allerdings zeigt sich an seiner Geschichte ein kleiner Erfolg. Ruth Pfau hat für alle ihre Mitarbeiter eine kleine Rente durchsetzen können. Nur sie selber bezieht keine. In Pakistan ist es die Regel, dass nur Personen, die nicht mehr arbeiten, eine automatische Geldzahlung erhalten.

Natürlich ist nicht immer alles so gelaufen, wie es hätte laufen sollen. Wer ein solches Werk unterhält, der muss auch Niederlagen hinnehmen. Wer Verantwortung trägt, neigt dazu, Niederlagen persönlich zu nehmen, und wer spricht schon gern über Niederlagen? Die Leiterin der Blindheits-, Lepra-, und Tuberkulose-Programme gesteht Niederlagen aber auch ein. Die Nachfolge konnte nicht leicht geregelt werden: Da gab es lange Zeit auch Probleme, persönliche Enttäuschungen.

Der Lepra-Assistent jedenfalls ist trotz der bitteren Erfahrung noch heute im Team dabei. Und Ruth Pfau weiß auch, dass einige im Team ihr kritisch gegenüberstehen, vielleicht weil manchmal zu viel riskiert wird. „Dagegen habe ich auch nichts", sagt

Ruth Pfau und trinkt behutsam den heißen Tee, der uns vom Koch serviert worden ist. Die Gedanken daran, dass es trotz des offensichtlich großen Erfolgs immer wieder Rückschläge, verzweifelte Erfahrungen gibt, kommen immer wieder. „Nicht umsonst habe ich regelmäßig meine Depressionen", gesteht sie. Die Frage nach ihrer „Bilanz" allerdings: „Hat es sich gelohnt?" kann sie nur mit „Ja" beantworten. „Wir haben gezeigt, dass es funktioniert. Wir haben gesehen, dass wir, wenn wir uns die Zeit nehmen, uns kennen zu lernen, auch in der Lage sind, einander zu lieben."

Sie haben es in der langen Zeit so vielen gezeigt. Daheim den Geschwistern, den Menschen in Europa, den Politikern und den Menschen in Pakistan und Afghanistan. Der Gott der Liebe kann für alle da sein. „Ich glaube, ich habe Christen, Hindus und Muslime auf einen Weg gebracht." Sie hat viel hineingepackt in ihr Leben, und sie weiß nicht, wann es beendet ist. Sie weiß auch nicht, welche verrückten Dinge sie noch erleben wird. „Unmöglich" ist kein Wort für sie. In ihren eigenen Worten: „Man darf nie ‚nie' sagen und schon gar nicht: ‚Das geht nicht.'"

Wer wird das Werk Ruth Pfaus fortführen, wenn ihr Weg zu Ende gegangen ist? Mitarbeiter, die gemeinsam mit ihr den langen Marsch zu einer besseren Welt angetreten waren, wurden heimtückisch ermordet. Dass die Arbeit sinnvoll ist und den Ärmsten wirklich hilft, ihrem Leben zugute kommt, das ist das stärkste Motiv für Ruth Pfau. Welche Bürde trägt sie? „Wer für mich arbeitet, der muss auch bereit sein, für unsere Ideen sein Leben zu riskieren." Das ist keine Floskel. Dahinter steht eine bedrohliche Wirklichkeit.

Auf einmal ist die Gefahr, ist die Brutalität des Todes mitten im Krankenhaus so präsent wie nur selten auf unserer Reise, auch wenn aus den Bergen die Kalaschnikows die Melodie des Todes ratterten. Von unten, dort, wo sich Patienten beim riesigen Wachmann zum Tee treffen, dringen Schreie herauf. Männer gestikulieren aufgeregt mit den Händen. Das Gespräch mit Ruth Pfau ist beendet. Sie wird über die Sachlage informiert und sagt ruhig: „Es ist wieder passiert. Ich bitte um Verständnis, dass ich mich zurückziehe." Auf der Straße blühen die Gerüchte. Es geht um Blutrache und viele Tote. Mehr wissen wir anfangs nicht und erst Stunden später klärt sich die Lage ein wenig.

Die Kunde kam aus dem Pulverfass Belutschistan und machte Ruth Pfau für die Dauer von zwei Tagen nahezu sprachlos. „Einer unserer Mitarbeiter ist erschossen worden. Von hinten in den Kopf, mehr weiß man nicht." Mehr wollte die Chefin von fast tausend Mitarbeitern anfangs nicht sagen. Vor allem, weil sie sich für jeden ihrer Leute verantwortlich fühlt. Jetzt spüren wir sie körperlich, diese schwere Bürde, eine Organisation wie die von Ruth Pfau zu regieren. Die unendliche Trauer aller Mitarbeiter im MALC ist spürbar. Das Team möchte sie am liebsten herausschreien, die Fragen: „Warum müssen unsere Leute sterben? Warum werden sie feige erschossen, wenn sie anderen Menschen helfen wollen? Warum?"

Warum müssen Pfau-Mitarbeiter sterben?

Warum müssen eigentlich Pfau-Mitarbeiter sterben? Die wahrscheinliche Antwort lautet in etwa so: Ruth Pfau exponiert sich in einem fremden Land und stellt herrschende Machtstrukturen in Frage, setzt sie manchmal sogar außer Kraft. Mit ihrem Handeln deckt sie unmenschliche Traditionen auf. So macht sie sich und ihre Mitarbeiter zur Zielscheibe von allen, die sich durch sie und ihr Tun bedroht fühlen. Der Schmerz über den Tod des mutigen 33-jährigen Lepra-Assistenten geht tief. Er ist nicht der Erste, der für seine Ideale und die von Ruth Pfau gestorben ist. Und er wird nicht der Letzte sein. Sie sagt: „Sie wissen alle, in welches Risiko sie sich begeben."

Aber sie bleibt erschüttert. Trösten können sie selbst ihre eigenen Worte nicht. Ruth Pfau hätte ihnen gerne die tödliche Situation erspart. Sie hätte ihnen sogar den Tod abgenommen. „Ich habe keine Angst, in Pakistan erschossen zu werden." Sie sagt, dass die mathematische Wahrscheinlichkeit gegen ihren gewaltsamen Tod spreche: „Ich habe schon in so viele Gewehrläufe geblickt;

ich weiß von Menschen, die mich töten wollten, dass sie es nicht fertig gebracht haben, eine Frau zu töten, die aus der Fremde gekommen ist, um den Menschen in Pakistan zu helfen." Aber sie weiß auch, dass die Arbeit in ihrer Organisation nicht vor einem Attentat schützt. Ruth Pfau konnte die Kugeln in den Hinterkopf des Mitarbeiters nicht abfangen. Gern hätte sie die weißen Schutzengel der Corrie ten Boom zu Hilfe gerufen. Aber es waren keine Engel da, es gab keinen himmlischen Schutzwall um die Außenstation des Zentralkrankenhauses in Belutschistan. Ein Mitarbeiter von Ruth Pfau ist tot. Wieder einer.

Die Frage nach dem „Warum?" wird sich so leicht nicht beantworten lassen. Sie ist ratlos: „Die Polizei wird den Täter finden." Sie sagt das aus Erfahrung. Es ist noch nicht lange her, da war ein anderer Assistent seinen feigen Mördern zum Opfer gefallen. Sie haben auch um diesen Mitarbeiter geweint. Und sie fragt sich heute wie damals: „Warum Menschen so etwas tun können, wird mir ewig ein Rätsel bleiben. Wie viel Hass muss in Menschen vorhanden sein, um einen Mann so bestialisch zu töten?" Damals hatte ein Assistent Nachtschicht gehabt, sich aber nicht, wie vereinbart, am Telefon gemeldet. Also fuhr ein Freund hin, um nachzuschauen. Das erste, was er fand, war eine Blutlache und dann sah er die Blutspur, die sich durch das gesamte Krankenhaus zog. Die Leiche haben sie zunächst nicht gefunden. Später fand sie die Witwe vor ihrer Haustür in einem Müllsack.

Warum verschweigt eine Nonne den Namen eines Mörders?

In einem Fall wusste Ruth Pfau den Namen des Mörders, aber sie hat ihn nicht preisgegeben. „Für mich ist das doch ganz klar. Wenn wir die jungen Leute zurückholen wollen, die jungen Leute, die nicht wissen, dass das Leben schön ist und nicht der Tod, die sich aus Unwissenheit Sprengstoff-Gürtel umschnallen, um möglichst viele Andersgläubige mit in den Tod zu reißen, dann müssen wir doch denen zeigen, dass wir Kinder des Gottes der Liebe sind. Wir müssen diese jungen Leute, die manchmal noch Kinder sind, zurückholen. Wir müssen ihnen die Liebe zeigen. Und zur Liebe gehört auch, dass verziehen wird. In diesem Fall hatte es auch noch einen praktischen Grund: Wenn die Angehörigen erfahren, wer getötet hat, dann greifen sie zur Selbstjustiz. Blutrache ist auch heute noch ein angewendetes und nicht immer von der Justiz geahndetes Ritual. Deswegen verschweige ich die Mörder. Außerdem ist der Haupttäter bereits verstorben. Die Blutrache wurde ‚erfunden', als es noch keine Maschinenpistolen gab. Wenn jetzt der Mörder bekannt wird, dann kommt es garantiert zu einem Gemetzel und wieder werden viele Unschuldige sterben. Ich habe den Namen des Mörder verschwiegen, um Leben zu schützen."

Darf Ruth Pfau mit ihrem großen Wissen um Gepflogenheiten des Landes wirklich darüber entscheiden, ob ein Kapitalverbrechen von irdischen Gerichten gesühnt wird oder nicht?

Pater Steinmetz aus Innsbruck ist ein Kenner des Lebensweges von Ruth Pfau. Für ihn ist die Frage nach der Motivation einfacher zu beantworten als die nach der Rechtmäßigkeit, die in diesem speziellen Fall auch gar keine Rolle spiele. Der Geistliche aus Österreich vermutet, dass „in der Brust der Frau Doktor Pfau zwei Herzen schlagen". Da spiele natürlich ihre Berufung als Ordensschwester eine Rolle und die Verbindung zum Beichtgeheimnis. Auch wenn sie offiziell gar keine Beichte abnehmen könne. Außerdem sei da auch die in Ruth Pfau „tief verwurzelte Verpflichtung dem Gott der Liebe, also unserem Gott gegenüber. Hier heißt das Gebot der Liebe zu den Menschen nun einmal ganz eindeutig: Schweigen! So verhindert man noch größeres Unheil." Die Schwester schreibe doch in ihren Büchern auch, dass sie sich dem Gott der Liebe verpflichtet fühle. Sie sage aber gerade deswegen, weil sie seit so vielen Jahren mit Vertretern anderer Glaubensrichtungen lebe: „Allah ist der Gott der Gerechtigkeit." Sie, die katholische Ordensschwester Ruth Pfau, lebe allerdings ihren Gott der Liebe. „Sie versucht das offenbar sehr authentisch zu tun." Pater Steinmetz folgert weiter: „Ich glaube, diese Liebe und wie sie dafür einsteht: Das ist gut so. Denn nur auf diese Art und Weise kann es auf Dauer gelingen, die unendliche Spirale der Gewalt in Pakistan irgendwann zu durchbrechen." Genau das sei in dieser Sache das Anliegen von Ruth Pfau.

Der Vatikan schweigt auf Anfrage: „Das ist die Sache von Ordensschwester Dr. Pfau und ihrer Gemeinschaft."

„Rechtlich gesehen ist das aber keinesfalls eine Privatangelegenheit", sagt ein Mann, der es wissen muss. Detlef Ehrike ist Sprecher des Landeskriminalamts in Niedersachsen. Der Kriminalist: „Auch in einem Land wie Pakistan gilt, dass Personen, die von einer Straftat erfahren, diese auch anzeigen müssen. Bei uns ist die Nichtanzeige eines Verbrechens unter Strafe gestellt. Frau Pfau hätte also, hält man sich an die Paragraphen, Anzeige erstatten müssen. Ich will aber nicht verhehlen, dass ich durchaus verstehen kann, warum sie das nicht getan hat. Erstens verfolge ich die Geschichte dieser mutigen Frau genau und ich kann ihr nur Beifall zollen, andererseits ist es für mich persönlich ein Argument, dass ihr Schweigen ganz bestimmt Blutvergießen verhindert hat. Es ist zwar Anmaßung, sich über Gesetze zu erheben, allerdings nennt Frau Pfau dafür gute Gründe."

Die bekannte Strafverteidigerin Anemone Wiehe-Faßhauer fasst ihre Einstellung so zusammen: „Wenn Gewalt und deren Entschuldigung mit dem Ausblick auf weitere Gewalt zur Grundhaltung wird, dann steckt das Land ohnehin schon in der Klemme und ist mit einem Rechtsstaat nicht vergleichbar. Wenn sich Menschen, auf die man im Land hört, eine solche moralische Geisteshaltung zulegen, dann hat das Land überhaupt keine Chance, je gewaltfrei zu werden. Wer also so handelt, wie Frau Pfau, der trägt dazu bei, dass ein Unrechtsstaat erhalten bleibt und muss sich darauf gefasst machen, dass Gewalt eine unbewusste Leitlinie des Lebens wird. Außerdem wäre die Frau rechtlich dazu verpflichtet, die Person, die eine Handlung von hoher krimineller Energie ausgeführt hat, auch den Behörden zu nennen. Auch wenn pakistanische Verhältnisse natürlich nicht mit unseren zu vergleichen sind, so kann ich doch ähnliche Beispiele aus Deutschland nennen. Mir persönlich sind Fälle bekannt, in denen Straftäter nicht verraten worden sind. Irgendwann gehen sie sich damit brüsten und es entwickelt sich ein Klima des Unrechtsbewusstseins. Der Nächste, der davon hört, denkt sich: ‚Ach so, die Leute brauchen nur zu schweigen und dann werde ich nicht bestraft. Dann kann ich gleich loslegen.' Obwohl ich die Geschichte von Frau Pfau kenne und vor ihrem Lebenswerk großen Respekt habe, kann ich ihr nur raten, ihren Fehler, den sie mit ihrem Schweigen begonnen hat, wieder auszubügeln und den Namen des Täters zu nennen. Sie sollte das wirklich tun, wenn sie Pakistan auf lange Sicht helfen möchte."

Ruth Pfau ist sich ihres Handelns bewusst und hält es aus genannten Gründen für richtig. „Ich habe mich in diesem Fall auch mit der Familie des Opfers besprochen, die weiteres Blutvergießen vermeiden will. Denn auch sie ist schon bedroht worden. ‚Passt gut auf eure Kinder auf, denn sonst schneiden wir auch sie in Stücke!'" Für sie heißt der Tod eines Mitarbeiters auch intensive Personenschutz-Arbeit. Da die Polizei keine große Hilfe ist – die Aufklärungs-Quote bei Morden dieser Art ist gleich Null –, kümmert sich die 75-Jährige um den Schutz der Hinterbliebenen, wenn sie, wie im geschilderten Fall, nach dem Mord bedroht werden. Darum spricht die Nonne äußerst kryptisch über ihre geheimen Bünde mit Personenschutz-Experten. „Wir unterhalten für solche Fälle geheime Unterkünfte. Die gefährdeten Personen können über Monate abtauchen und werden von unseren Leuten bewacht. Das sind wir den Opfern und ihren Angehörigen schuldig." Das Werk von Ruth Pfau verfügt also über Einrichtungen wie „sichere Häuser". Das sind kleine Festungen in unscheinbaren Regionen. Dort verstecken Polizei oder Geheimdienst in aller Regel Kronzeugen. Die Häuser bekommen dann von den Beschützern eine eigene Legende. Zum Beispiel diese, das in diesem Haus jetzt neue Mieter eingezogen seien, die lieber den Kontakt mit den Nachbarn meiden. Diese „sicheren Häuser" erfüllen den Zweck des Verstecks, das so normal erscheint, dass niemand merkt, dass es sich um ein Versteck handelt. Ruth Pfau pflegt sechs dieser Häuser, so viele hat nicht einmal die Polizei. Wie groß muss da das Netzwerk der Ruth Pfau sein? Jedenfalls konnte sie den Hinterbliebenen der Opfern bisher absolute Sicherheit gewähren: „Bisher ist es uns gelungen, alle Witwen und Waisen zu schützen." Die Fürsorge für die fast tausend Mitarbeiter ist also auch eine schwere Bürde: Wie lange will Ruth Pfau sich diese Last noch aufbürden?

Man kommt an einen Punkt, da will man nicht mehr

„Ich sage zwar oft: ‚Ach, ich bin so müde', aber wie müde ich wirklich bin, das können selbst Freunde nur erahnen. Ich spüre, wie nicht nur ich, sondern auch meine Leute ausbrennen oder ausgebrannt sind." Vor nicht ganz sechs Jahren, da schien zum ersten Mal so ein Punkt gekommen zu sein. Es ging um einen engen Freund. Bischof John Joseph und Schwester Ruth Pfau stützten sich in schwachen Momenten gegenseitig. John Joseph war ein mutiger Bischof. Seine Schilderungen über das Wirken der Christen in Pakistan haben seine westlichen Zuhörer immer wieder beeindruckt. Im Frühsommer 1998 ging die Nachricht wie ein Lauffeuer um: John Joseph ist tot. Es gab Gerüchte, dass die Pistole so gelegen hatte, wie Pistolen normalerweise nicht liegen, wenn Menschen Hand an sich legen. Offiziell verbreiteten die Bischofskonferenzen in Deutschland und Österreich folgende Meldung: „Erst vor einigen Wochen war Bischof John Joseph auf Einladung von Christen zu Besuch. Bei dieser Gelegenheit hat er auch in der Vollversammlung der Kommission Iustitia et Pax über die verzweifelte Situation der Christen in Pakistan berichtet." Aufgrund seiner Erzählungen sah sich die Österreichische Bischofskonferenz veranlasst, im Rahmen ihrer Frühjahrskonferenz eine Erklärung zur Menschenrechtssituation in Pakistan zu verabschieden. „Die Härte, mit der Christen in Pakistan (permanent willkürlich) verfolgt und der Justiz ausgeliefert werden, ist unerträglich. Sie ist unerträglich für jene, die in den Gefängnissen sitzen und unschuldig angeklagt werden. Sie ist auch unerträglich für jene, die sich dafür einsetzen, die Würde und die unveräußerlichen Rechte der Menschen zu verteidigen. Seine eigene Verzweiflung, sein tiefes Mit-Leiden mit seinen Schwestern und Brüdern haben Bischof John Joseph nun zu einem Schritt veranlasst, der schwer begreifbar ist. Bischof John Joseph hat sich selbst das Leben genommen, weil seine Kraft nicht mehr ausreichte, um weiterzukämpfen. Gott sei seiner Seele gnädig."

Die Version eines geplanten Selbstmordes überzeugte nur wenige seiner Freunde und schreckte die Christen in aller Welt auf. Permanent willkürliches Morden ist in Pakistan an der Tagesordnung – hatten jetzt gewisse Gruppierungen einen Mörder angeheuert? Ruth Pfau war damals tief betroffen. Aufgrund der vielen Gerüchte begann sie selbst zu recherchieren. Heute sagt sie: „Mein Freund, der Bischof, hat Selbstmord begangen!" Nicht mehr zu können, das war wohl auch die Folge des Burn-Out-Syndroms. Hinzu kam, dass John Joseph einem Christen versprochen hatte, ihn vor dem Tod am Galgen zu retten. Der Mann war verurteilt worden, weil er negativ über einen religiösen Führer Pakistans gesprochen hatte. „Dieses Versprechen hat John Joseph nicht einhalten können. Der Mann musste sterben, und das hat John Joseph wohl nicht mehr aushalten können."

Das anhaltende Gefühl der Leere, dieses Gefühl, nicht mehr zu können, es überkommt auch Ruth in den vergangenen Jahren immer häufiger. Und auch ihre Mitarbeiter: „Mein Team ist wirklich ausgebrannt. Wenn wir nicht aufpassen, verlieren wir das, was wir aufgebaut haben. Wir benötigten wirklich professionelle Hilfe." So als hätte sie sich zu weit aus dem Fenster gelehnt, rudert sie zurück. Der folgende Satz verrät viel über das Phänomen Pfau: „Aber wer soll denn diese Supervision machen? Wer kann das schon? Uns versteht doch keiner bei dem, was und wie wir es tun, und so mache ich es dann doch am Ende lieber selbst."

Die starke Frau, das Sich-nicht-fallen-lassen-Können, immer mutig sein, nur nichts aus der Hand geben, keine Schwäche zeigen. Sie hat viele Menschen gerettet und auch viele sterben sehen. Sie ist als Mutter Courage durch Pakistan gezogen, durch Afghanistan und durch Kaschmir. Wundert es irgendeinen Menschen, dass eine Frau, die 75 Jahre alt ist, sich irgendwann sehr müde und „unheimlich ausgebrannt" fühlt? Die dann einfach sagt: „Es geht nicht mehr." Aber im Leben der Ruth Pfau geht es nicht, dass es nicht geht! Auch wenn sie ehrlich sagt: „Ach, ich bin so müde. Ich bin so kaputt und ich würde doch so viel geben, wenn ich nur hier im meinem Krankenhaus als Ärztin arbeiten könnte. Da bin ich nur noch ich, da lebe ich in der Welt mit meinen Patienten und wir teilen Sorgen und Nöte. Das reicht."

Sie würde sich so gern fallen lassen, um bei ihrem Gott der Liebe zu sein. So sieht sie sich auch in ihren Träumen: nah bei den Patienten, bei dem Mann zum Beispiel, der damals mit der Ledertasche verschwunden ist und der als völliger Krüppel am Ende seiner Kräfte drei Jahrzehnte später nachts zu der Frau zurückkehrte, die ihm Anfang der 70er schon einmal das Leben gerettet hat. Sie ließ ihm die Liebe widerfahren, die einem jeden Menschen widerfahren sollte. Sie träumt davon, sich als Ärztin nur um diesen einen Patienten kümmern zu brauchen, bevor er endgültig die große Bühne des Lebens verlässt. Es gibt in diesem Traum keine PR-Termine, keine Stundenplan-Aufstellung für die fast tausend Mitarbeiter, keine Gefechte mit den Ministerien, keine abenteuerlichen Ausfahrten, die so beschwerlich sein können. Es gibt nur sie, Ruth Pfau. Eine Frau, die gelernt hat, loszulassen. Die mit einem Stethoskop auf der Station nach den Kranken sieht. Die ab dem späten Nachmittag inmitten ihrer Blumen sitzt und Dankesbriefe an gute Freunde schreibt, die in Europa ihr Netzwerk in Gang halten. Sie wird sich nach netten Dingen umschauen, die sie nach Münster schicken kann, wo das Ruth-Pfau-Museum aufgebaut wird. Dann erscheint vielleicht Veno und fragt, ob sie sich vielleicht die Riesen-Schildkröten von „Turtle-Beach" anschauen möchte, was sie mit einem aufgeregten „Atschatschatscha" bejaht. Auf geht's. Viel schlafen wird sie im Traum und viel Zeit haben für sich und andere, Zeit haben, um spazieren zu gehen und Blumen zu züchten und um mit ihrer Familie in Deutschland Mails auszutauschen, und sie wird viel mehr lesen.

Aber – dann kommt doch wieder dieses „aber": „Ich würde so gern alles weglegen, aber so lange mich meine Leute noch brauchen und mich bitten zu bleiben, muss ich doch weiter machen." Ihr Freund und Direktor Mervyn Francis Lobo ist ein Mann des offenen Wortes: „Weißt du", sagt er völlig unverblümt, „ich sage es unserer ‚Mama' jeden Tag, dass es besser für *sie* ist, wenn sie loslässt, und für uns auch. Aber sie hat ihr Leben schließlich so gewählt, und wir respektieren das. Aber ich muss dir ja nichts mehr sagen. Du bist jetzt lange genug bei uns." Ruth Pfaus Patient, der nach 30 Jahren wieder kam, um im MALC zu sterben, ist das völlig egal, ob seine Frau Doktor die Geschäfte führt. Er blüht vor seinem Tode auf, weil sie ihn in Liebe umsorgt, und sie blüht auf, weil sie es wieder einmal geschafft hat, einem Menschen die Würde wiederzugeben. Ruth Pfaus Gott ist der Gott der Liebe. Wann Er sie zu sich rufen wird, das möchte sie noch gar nicht wissen – obwohl: neugierig wäre sie schon. Denn mittlerweile hat sich ihre eschatologische Liste weiter verlängert, aber die Antworten auf so viele Fragen erhält sie nur in der Ewigkeit. Eines weiß sie ganz genau: „Mein Grab wird dort sein, wo mein Herz und meine Seele zu Hause waren – in Pakistan."

Nachwort
Bis bald, Mutter Courage!

Draußen schrien Kinder und versteckten sich im Maisfeld. Es war ein beschwerlicher Weg gewesen nach Gilgit, im hohen Norden. Die Wege waren unterspült und von oben ging immer wieder Schotter ab. Dann kamen wir plötzlich überhaupt nicht mehr weiter, weil eine Felswand abgerutscht war. Bis die Bagger da waren und die Straße geräumt hatten, war ein Tag vergangen. Reisen in Pakistan ist nun einmal anders. In Belutschistan brauchen auch versierte Fahrer im Jeep schon einmal für hundert Kilometer einen ganzen Tag. Andere kommen gar nicht durch.

Aber jetzt stoppte unser Jeep vor dem Haus von Aidina. Sie winkte uns zu und begrüßte Mervyn, Dr. Ashfaq und Ruth Pfau wie alte Freunde. Vor gut 25 Jahren hat Ruth Pfau ihr Leben gerettet. Zufällig war die Lepraärztin in diesem Ort bei Gilgit gewesen – und irgendetwas hatte ihr keine Ruhe gelassen. Sie weiß auch gar nicht mehr, warum sie damals in den Stall gegangen ist. Dort hörte sie ein Wimmern. Es war zum Gotterbarmen. Hinter einer Mauer schluchzte leise ein Lebewesen. Sie dachte anfangs gar nicht an einen Menschen, sie dachte an eine Ziege, vielleicht auch ein Lamm. Aber – es war ein Mensch, der wehklagte. Ein Mensch, der in einen Stall gesperrt worden war und der dort schon Monate verbracht hatte.

Es muss Ruth Pfau schier das Herz gebrochen haben, als sie Kontakt mit diesem Menschen hinter der Mauer aufgenommen hat. Und dann muss sie sehr wütend geworden sein. Sie hat ihre Leute alarmiert, und die haben diesen Menschen, dessen Gesicht bereits von Lepra zerfressen war, befreit. Es hat lange gedauert, bis

Aidina ihre Scheu vor den Menschen ablegt. Ruth Pfau hatte sie mit nach Karachi genommen und sie das Verzeihen gelehrt. Noch einmal hatte die eingemauerte, junge Frau ihre Familie gesehen, sich ausgesprochen, aber dann entschieden, dass sie nichts mehr mit ihnen zu tun haben wollte.

Ein Vierteljahrhundert später spielen Aidinas Kinder vor ihrem Heim. Die Frau ist nach Gilgit zurückgekehrt. Austherapiert, aber natürlich erinnern die Narben und Entstellungen an die Zeit, als sie lebendig begraben war. Im MALC haben sie die völlig verstörte Frau an den Augen operiert, gleich mehrmals. Und es ist gut gegangen. Aidina bekam ihre Würde zurück. „Und heute geht es mir gut, ich kann sehen, ich kann im Haushalt arbeiten, mich um die Kinder kümmern. Ja, ich habe überlebt, weil Doktor Pfau zufällig in den Stall gekommen ist, sonst wäre ich hinter den Mauern, die meine Familie vor mir errichtet hat, zu Grunde gegangen."

Die Frau macht einen aufgeräumten Eindruck. Von den Nächten, in denen die bösen Träume kommen, erzählt sie nichts. Die Kinder sind dabei. „Ich hab's doch am Ende gut getroffen", sagt sie und sie erzählt aus ihrem Leben. Durch den Aufenthalt im MALC, das Zentralkrankenhaus in Karachi, hat sie auch ihren Ehemann kennen gelernt. Beide wurden ein Paar, und sie kehrte nach Gilgit zurück. Hass habe sie keinen auf die Eltern. In vielen Teilen des Landes war es durchaus üblich, kranke Menschen wegzusperren – oder auszusetzen. Erinnern Sie sich an Swadi aus dem Lepra-Dorf bei Pir Baba? Ihn hatten die Eltern an einer Straßenecke einfach stehen lassen. „Die Menschen haben es doch nicht besser gewusst. Es hat ihnen keiner erzählt, dass die Würde verschwindet und der Mensch bricht – bis Doktor Pfau gekommen ist."

Für diese Dinge setzt sich Ruth Pfau der Gefahr aus. Ihr Leben ist nun einmal so. Ein Weg des Kampfes für die Menschenwürde – Tradition hin oder her. Das passt vielen Pakistani nicht, dass eine Christin aus Europa kommt, die alte Strukturen aufbricht. Es gibt viel zu kämpfen gegen Widerstände, gegen Vorurteile.

Aber sie kämpft auch mit sich selbst. Oft ist sie zornig. Darf sie zornig sein? Wir haben uns gewundert über ihre Launen. Sie macht

Ruth Pfau gibt – wie immer – die Richtung an

unmissverständlich klar, wer bestimmt. Aber vielleicht muss man das, wenn man eine so lange Zeit in Pakistan überstehen will – und durch den Gott der Liebe für den Menschen wirkt.

Wir haben keinen Zweifel daran gelassen, dass wir oft anderer Meinung als sie waren. Leichter hat das die 40 Tage nicht unbedingt gemacht. Wir haben aber viel von ihr gelernt. Nicht zuletzt eine andere Sichtweise auf den pakistanischen Alltag: „Es ist gut, dass ihr begriffen habt, dass die europäische Sicht von geglückter Hilfe nicht immer die richtige ist."

Das vermitteln wir gern. Denn in der Tat: Wenn ein leprakranker blinder Mann nach einer Operation nur schemenhaft sehen kann, dann heißt es nach Diktion der WHO, dass die Operation fehlgeschlagen ist. Wenn der Mann aber dadurch zumindest wieder allein auf die Toilette gehen kann, dann hat er einen Teil seiner Menschenwürde zurückerlangt. Aus Ruth Pfaus Sicht ist diese Operation kein Misserfolg. „Menschenwürde zählt häufig mehr als Heilung", sagt sie. Wenn Ruth Pfaus Leute alte Sonnenbrillen an Schafhirten verteilen wollen, damit diese ihre Augen vor Gestrüpp und Dornen schützen, dann gibt es dafür kein Geld, weil niemand in Europa genau versteht, was das nun wieder soll. Dabei würden doch ein paar Cent genügen, einem Hirten einen wirklichen Schutz zu verpassen. So etwas wie eine Arbeitsschutzbrille. Das Gleiche gilt für die blindheitsgefährdeten Fischer von Belutschistan.

Wir haben die atemberaubendsten Wegkreuzungen dokumentiert, waren Zeuge der unglaublichen Liebesgeschichte von Swadi und Sucha in Pir Baba, wir haben erlebt, wie sich binnen Minuten das Leben eines Menschen wie das des blinden Bettlers ändern kann, wenn sich sein Weg und der von Ruth Pfau kreuzen.

Ich möchte an dieser Stelle an Bruder Norman erinnern, den Geistlichen, der die „Drogen-Farm" betreibt. Im Zusammenhang mit ihm habe ich eine atemberaubende Begegnung erfahren. Wieder eine dieser „Wegkreuzungen". Die Nacht ist kurz. Es ist etwa vier Uhr, als Bruder Norman wie versprochen in seinem Jeep ankommt. „Folks", sagt er, mit einem Lächeln auf den Lippen, „ich habe noch zwei Volontäre aus Deutschland mitgebracht." Aus dem Auto steigen zwei Frauen. Meine Verwunderung hätte größer gar nicht sein können. Wegkreuzungen... In der Andacht zum heutigen Tage heißt es „Wälze auf den Herrn deinen Weg". Da ist wieder vom Weg die Rede. Die Losungen verraten zusammengefasst: Was immer man sich auch Wichtiges vorgenommen habe, was einen bedrängen mag, der himmlische Vater wird dich auf den rechten Weg führen. Aber der Gedanke daran kam erst später: „Wir kennen uns doch!", sagte die Frau und strahlte. Ich verstand die Welt nicht mehr. Nach eben dieser Frau hatte ich in Wien gesucht. Intensiv, während der ganzen Recherchezeit vor der Reise. Gesehen hatte ich sie auf einem Pfau-Abend in Wien. Zum Kennenlernen blieb keine Zeit, weil ich schnell zu einem Einsatz aufbrechen musste. Aus dem Sinn ging sie mir aber nicht mehr. Und jetzt, ein halbes Jahr später, treffe ich sie morgens um vier in den Slums von Karachi. Wir haben nun Zeit, uns kennen zu lernen.

Als ich Ruth Pfau später davon erzähle, war sie nicht verwundert, sie hat nur gelacht. So nach dem Motto: „Na ja, du wirst auch

Ruth Pfau in ihrer Wohnung in Karachi – sie liest einen Bildband aus ihrer Heimat Leipzig

noch erleben, wie verrückt das Leben so sein kann, komm man erst einmal in mein Alter." Das ist ein „Atschatschatscha" wert.

Wir sprechen mit Ruth Pfau über ihre Zukunft. Sie selbst hat gesagt, dass es keinen Weg zurück nach Deutschland geben wird. Das habe übrigens auch einen finanziellen Grund. Denn natürlich sei sie nicht rentenversichert – und weil ihre Organisation von Spendengeldern lebt (und die Chefin welche reinholt), nimmt sie sich keinen festen Betrag heraus. Nur das, was sie zum Leben braucht – und das ist verschwindend gering. In Deutschland wäre das zum Leben zu wenig. Sie lebt so in ihrer kleinen Wohnung in ihrem Zentralkrankenhaus. Und sie hat schon lange ihre Heimat in den pakistanischen Herzen gefunden.

Was soll sie also in Deutschland? So richtig klar kommt sie dort sowieso schon lange nicht mehr. Eine reizüberflutete Gesellschaft, zu viel Hektik, keine Zeit für andere. Aber ist es in Pakistan nicht genauso?

Ruth Pfau ist schon so lange in Pakistan, da darf sie müde sein, sie darf sich darauf freuen, sich ausschließlich in der Welt ihrer Patienten aufzuhalten, ihnen zu zeigen, was es heißt, ein Kind der Liebe Gottes zu sein. Und so ganz nebenbei, vielleicht als Hobby, kann sie sich noch um das Brunnen-Programm kümmern. Dabei wollen wir ihr helfen und für sie sammeln.

Das Brunnen-Programm: Natürlich begann auch diese Aktion mit einer Wegkreuzung. Ruth Pfau war unterwegs in Belutschistan. An einer Pumpe steht ein Mann, ausgelaugt, erschöpft. Er winkt, denn er kann nicht mehr weiter. Der Fahrer stoppt, die Helfer steigen aus und bringen den Alten zum Auto. Ruth Pfau erkennt sofort, dass dieser Mann blind ist und nimmt ihn mit in ihr Programm auf. Der Mann führt sie in sein Dorf. Dort gibt es viele Blinde. Ruth kommt mit Augenärzten wieder – und mit einer guten Nachricht. Sie hat Land für die Menschen und ihre Familien aufgetrieben. Land, das erblühen kann, wenn sich jemand darum kümmert. So wie um den „Garten Eden" in Manghopir. Aber dazu ist Wasser nötig: „Jetzt haben wir ein Brunnen-Programm entwickelt, dafür muss gesammelt werden." Auch über dieses Projekt werden wir auf der Internetseite www.ruthpfau.com berichten.

Mervyn Francis Lobo und Dr. Ashfaq sind gemeinsam mit den vielen anderen Fachleuten aus dem MALC ein starkes Team. Wir wünschen Ruth Pfau, dass sie sich einfach fallen lassen kann und es ihr auch sehr gut geht dabei, wenn sie sonntags mit einigen Kranken durch die „größte Pathologie der Welt" in die Kirche fährt, mit Bruder Norman und Schwester Berenece plaudert, mit Jeannine den einen oder anderen Unsinn ausheckt und ihren Tee dann inmitten der duftenden Blumen auf dem Dach der Klinik einnimmt.

Ihr „Atschatschatscha" amüsiert uns jeden Tag aufs Neue.

Bleibt mir zu sagen: Bis bald, Mutter Courage!

*Tief in den Northern Areas – Hingabe für die Ärmsten dieses Landes:
Ruth Pfau vor der Pakistan-Flagge*

Wegbegleiter erzählen

„Ruth hat mir die Schwester vorgelebt"
von Jeannine Geuns

„Ich bin mit einer katholischen Jugendorganisation nach Pakistan gekommen. Ich wollte schon immer hinaus in die Welt, meine soziale Ader habe ich von zu Hause mitbekommen. Ich bin am 25. März 1962 in Karachi angekommen und wollte maximal für drei Jahre bleiben. Jetzt fahre ich vielleicht alle drei Jahre einmal nach Haus, um meine Familie zu besuchen. Die wundern sich noch immer, dass ich nach Pakistan gegangen bin, aber ich weiß ganz genau, dass sie auch sehr stolz sind. Ich glaube, dass es für alle eine Überraschung war, dass ich Ordensschwester geworden bin. Für mich vielleicht am meisten, denn das war nun wirklich nicht vorgesehen. Aber von Ruth weiß ich auch, wie verrückt das Leben sein kann – und Ruth hat mich ja schließlich auch dazu gebracht, dass ich Nonne werde. Sie hat mir vorgelebt, wie effektiv eine Schwester sein kann. Anfangs konnte ich gar nichts damit anfangen. Aber irgendwann habe ich gedacht: Wenn Nonne heißt, so zu sein wie Ruth, dann wirst du auch Nonne. Es war nämlich so, dass ich immer schon Abenteuer erleben wollte. Und ich habe gesehen, dass diese Ruth Pfau aus Europa andauernd Abenteuer erlebte. Jedenfalls mehr als ich – und sie war doch Nonne und ich nicht. Also bin ich auch Nonne geworden – und ich finde, dass das ein weiser Entschluss gewesen ist.

Ich bin gekommen, um Abenteuer zu erleben und um zu helfen. Vielleicht auch in umgekehrter Reihenfolge. Aber man muss auch lernen, zufrieden zu sein. Ich war jung, ich hatte eine Aufgabe und ich hatte nette Freundinnen. Mehr braucht man doch eigentlich nicht. Außer manchmal einen Kaffee oder einen Schluck Eierlikör. Ja, ich bin glücklich geworden. Und wenn meine Schülerinnen mich Mama nennen, dann fang ich an zu lachen und sage: Ihr könnt mich ruhig O-mama nennen. Das ist gut angekommen. Und schau dich doch um, wir haben doch alles da, um glücklich zu sein. Wir haben gemeinsam mit Berenece im Lepra-Ghetto gearbeitet. Wir haben gesehen, wie die Menschen starben, wie sie geknechtet worden sind, wir haben gesehen, was Menschen anderen Menschen antun, und wir haben daraus gelernt."

„Probleme, wenn sie gegen Gott rebelliert"
von Dr. Siegfried Priglinger

Dr. Siegfried Priglinger aus Linz fährt regelmäßig im Urlaub nach Pakistan, um Ruth Pfau medizinisch zu unterstützen. Der renommierte Augenarzt aus dem Krankenhaus der „Barmherzigen Brüder" sammelte seine ganz persönlichen Erfahrungen mit der Kollegin aus Leipzig vor allem im wilden Belutschistan. Er versuchte, dem Geheimnis der blinden Fischer von Ganz, dort, wo die Blindheitsbekämpfung in Pakistan begann, auf die Spur zu kommen. Er erzählt:

„Zu 85 Prozent ist weltweit der Graue Star (Cataract) eine Krankheit, deren Ursache wir nicht genau kennen, 15 Prozent unterliegen einer größeren Variabilität. Nahezu alle 85- bis 90-Jährigen sind vom Grauen Star betroffen, insbesondere natürlich in den Ländern der Dritten Welt. Bemerkenswert ist allerdings, dass in Armutsgebieten unserer Erde der Graue Star viel früher auftritt als bei uns in Europa. Auch wenn man von Prozentzahlen ausgeht, ist in der Dritten Welt eher eine Zunahme zu bemerken. Hier werden offensichtlich Komponenten wirksam, die dieses frühere Auftreten auch schon bei jüngeren Patienten verursachen. Bestimmt sind es ernährungsbedingte Ursachen wie zum Beispiel Vitaminmangel, zusätzlich schlechtere Lebens- und Umweltbedingungen, vermehrter Stress – besonders im Kampf um das tägliche Überleben –, die eine wesentliche Rolle spielen.

Im Gebiet von Belutschistan mag eine Kombination dieser Faktoren mitwirken. Dazu kommt noch eine stärkere UVB-Exposition, verursacht möglicherweise durch die stärkere Reflexion im Bereiche des Meeres. Sicherlich spielt auch die Anzahl der Sonnentage vor Ort eine große Rolle. Als Summe ergeben diese Faktoren wahrscheinlich die Ursache für das vermehrte Auftreten von Grauem Star unter den Fischern von Belutschistan, besonders unter denen von Ganz. Aber wir haben ja eine glänzende Ärztin in Pakistan.

Mich begeistert, mit welcher Disziplin Ruth Pfau Ordnung in den Unterlagen hält. Sie ist wirklich eine wahre Kartei-Reiterin. Das macht sicherlich einen großen Teil ihres Erfolges aus, denn nur, wenn sich eine Patientengeschichte dokumentieren lässt, dann kann auch effizient geholfen werden. Wenn die Kollegin kritisch mit ihrer Umwelt umgeht, dann tut sie das auch mit sich selbst. Sie macht innerhalb ihres Teams keinerlei Unterscheidung bezüglich Rasse und Stand. Sie pflegt ein offenes Verhältnis mit ihren Mitarbeitern, von denen sie sehr viel verlangt. Fast so viel wie von sich selbst. Sie geht immer mit vollem Einsatz in eine Sache hinein. Mit ihrem Glauben hat sie wohl manchmal ihre Probleme, wenn sie gegen Gott rebelliert, weil sie grobe Ungerechtigkeiten erkennt. Was ich mich manchmal frage: Warum sie sich in ihrem Alter noch so viel antut?"

Über die Übergabe und europäisch-pakistanische Missverständnisse
Von Mervyn Francis Lobo

Mervyn Francis Lobo ist einer der Direktoren in der von Dr. Ruth Pfau aufgebauten Organisation. Hier spricht er sehr offen über das Phänomen Pfau, über seine Beziehung zu der „Buzurg", und er deutet auch die Schwierigkeiten an, die die Pakistani mit der Interpretation ihrer von uns wahrgenommenen Wirklichkeit in Sachen „Projekt-Übergabe" haben. Ruth Pfau selber sagt immer: „Das ist typisch westlich, immer diese Missverständnisse – das können Besucher nicht verstehen. Manche wollen das vielleicht auch nicht."

„Frau Dr. Pfau und ich haben eine sehr offene Beziehung. Für mich war es nie schwierig, meine Meinung zu Themen, die sie so ganz anders sah, offen auszusprechen. Entschieden wird zugunsten dessen, der die überzeugenderen Argumente hat. Wie das in einer Demokratie so geht.

In unserer Kultur hat ein „Buzurg" (ein respektabler älterer Mitbürger) einen besonderen Platz. Dies besonders dann, wenn dieser „Buzurg" eine Frau ist, die ihr Leben in den Dienst der Unterprivilegierten gestellt hat. Bei wiederholten Gelegenheiten haben wir Dr. Pfau gebeten, sich keine hektischen Zeitpläne aufzuerlegen. Und wir haben ihr gesagt, dass wir zur Stelle sind, um ihre Arbeit fortzuführen.

Obwohl sie uns ganz genau zuhört, gelingt es ihr immer wieder, uns davon zu überzeugen, sie machen zu lassen, was sie möchte. Das heißt, unterwegs zu sein — und die Früchte dessen zu genießen, was sie gesät hat. Sie möchte (das Programm) loslassen, aber sie hat auch das Gefühl, dass darin ihr Leben besteht. Und wir möchten ihr ihr Leben, das sie jetzt leben möchte, nicht wegnehmen.

Viele Leute fragen uns immer wieder, ob Dr. Pfau noch aktiv ist oder was geschehen wird, wenn sie nicht mehr da ist. Unsere Antwort ist: Sie hat die Zügel des Programms dem Management übergeben und der Übergang hat zur Gänze stattgefunden. Sie wird in den Herzen der Menschen immer und überall gegenwärtig sein. Wir können unsere Wünsche und Gedanken anderen nicht aufzwingen, und dasselbe gilt für sie. Haben wir je darüber nachgedacht, was sie glücklich macht? Den Menschen, der sein Leben gibt, um ein Lächeln auf dem Gesicht eines Patienten zu sehen? Nein! Das haben wir nicht, wir denken, dass wir wissen, was das beste für sie ist — und für ihr Programm.

Sie hat immer noch ihre Bedenken, ob die Brücke, die sie zwischen dem Westen und dem Osten gebaut hat, für immer bestehen wird. Werden ihre Freunde in Europa das Programm in Pakistan immer noch unterstützen, wenn es sie nicht mehr gibt? All diese Sorgen waren ständiger Teil ihres Lebens. Ihr Kampf dafür, dass ein Patienten umfassend rehabilitiert wird, ihr Engagement, den Schwachen Gerechtigkeit durch Menschenrechtsaktivitäten zukommen zu lassen – all das (und mehr) ist sie immer noch in der Lage zu tun. Das Beste ist, dass es Menschen gibt, die ihre Sache unterstützen. Und genau das ist der Punkt. Sie hat sich so engagiert, dass die Menschen jetzt davon profitieren und wir selber vielen helfen können. Und genau das ist das Entscheidende: Hätte es keine Ruth Pfau und hätte es ihr Engagement nicht gegeben, hätte den Menschen nicht geholfen werden können.

Auf organisatorischer Ebene hat sie sich zwar zurück genommen, aber auf Regierungsebene wird um ihre Anwesenheit ersucht. Einerseits wird das sicher ihr zur Ehre gemacht – andererseits aber auch, um von ihrer Erfahrung zu profitieren."

„Der Besuch bei Tante Ruth änderte meinen Lebensplan"
von Vera Tiefenthaler

„Ich lernte Ruth Pfau kennen, als ich noch ein Volksschulkind war. Meine „Wahl-Tante" Gertrud Husslein organisierte damals ihre Vorträge in Österreich.

Was ich bei diesen Vorträgen hörte, begeisterte mich so, dass ich früh beschloss – gleich nach der Matura – als Volontärin nach Pakistan zu fahren. Bei ihren Besuchen bei uns zu Hause erlebte ich sie immer als einfache, unkomplizierte Frau, die – unter anderem auch wegen des Altersunterschieds zu ihrer älteren Mitschwester Gertrud Husslein – ihr gegenüber ein bisschen die respektvolle Haltung einer „Tochter" einnahm. Es waren stets sehr nette und familiäre Tage.

Bei meinem dreimonatigen Pakistanaufenthalt 1995 verbrachte ich eigentlich nur die Zeit im Feld mit Ruth Pfau. Ansonsten war ich meist in Manghopir bei Sr. Jeannine oder im MALC. Dort sah ich sie nur ab und zu bei der Arbeit – und sonntags. Das war auch im MALC ein Tag, an dem alle mehr Zeit hatten, obwohl rundherum Betrieb war – in Pakistan war zu der Zeit noch der Freitag der offizielle Ruhetag der Woche.

Da plauderte Ruth gemütlich mit uns beim Essen nach der Messe oder „spendierte" eine kulinarische Köstlichkeit, obwohl ich sonst immer den Eindruck hatte, dass eher Sr. Jeannine die „Genießerin" ist und dies natürlich noch mehr gegenüber den Volontären zeigte: auf gemeinsamen Ausflügen, beim Brunch im Sheraton, bei einem Geburtstagskaffee im Hotel oder wenn wir in ausländische Restaurants ausgingen.

Eine Situation ist in besonders schöner Erinnerung: Wir arbeiteten im Distrikt Dir in einem Augencamp, das auf zwei Wochen angelegt war. Es war November, die Nächte waren lang, wir hatten keinen Strom, es war eiskalt, und das Essen war ebenso karg wie eintönig (in Fett herausgebratene Chapati morgens und abends mit Tee). Und dann zog Ruth plötzlich mit einem Lächeln und dem Kommentar „weil heute Sonntag ist" eine Tafel edelster Schokolade aus ihrem Koffer – und genoss unser Erstaunen.

Wenn wir uns zur Nachtruhe niederlegten und Ruth allen eine „Gute Nacht" gewünscht hatte, hieß das bei ihr aber nicht, dass sie sich wirklich schlafen legte. Oft hörte man noch lange ihr Tippen auf der mechanischen Schreibmaschine bei Kerzenschein. Unvergesslich bleibt auch der Gottesdienst, den wir auf ihre Initiative hin zu dritt auf den Stufen eines Hinterausganges eines Gebäudes in Distrikt Dir feierten, rundherum in der Dunkelheit waren Gewehrschüsse zu hören. Die nahen Scharmützel verfeindeter Stämme.

So beeindruckte sie mich als ein unglaublich starker Mensch mit scheinbar unendlichen Energien. Was mir aber auch sehr gefiel, war, dass sie auch ihre menschlichen Bedürfnisse und Schwächen nicht verbarg. Sie legte zum Beispiel großen Wert auf Schutz gegen Kälte und ließ sich ohne weiteres hin und wieder Dinge aus gutem, wärmendem Material aus Deutschland schicken. Und sie versteckte ihre Erschöpfung oder Müdigkeit nicht. Da beeindruckte es mich manchmal, wie sie sich einfach fallen lassen und sich der Müdigkeit ergeben konnte (auf einer Couch, im Auto, etc.) Für alle Aufmerksamkeiten ihr gegenüber zeigte sie immer aufrichtige Dankbarkeit und sie ließ andere spüren, wie wichtig ihre Arbeit war.

Es schien mir, dass es auch ihr zu verdanken war, dass eine familiäre Atmosphäre aufkam – beim gemeinsamen Essen, wo meist Platz für tiefere Gespräche war, beim Singen, bei den Jeepfahrten – wo ich oft den Eindruck hatte, dass Ruth viele Gedanken einfach offen mit dem, der neben ihr saß, teilen konnte; auch ihre Träume wie ‚Wenn ich von der Lepraarbeit etwas freier bin, möchte ich mich um den Forstaufbau kümmern', oder: ‚Wenn ich nächstes Jahr mehr Zeit habe'. Ruth hat auch in mutlosen Situationen das Träumen nicht aufgegeben.

Was ich sonst schätzte, war ihre Fähigkeit, über Dinge ganz einfach zu lachen, die mich wegen deren Ärgerlichkeit auf die Palme gebracht hätten.

Ich bin froh, noch mit Ruth und manchen Mitarbeitern des Projekts über regelmäßigen Briefwechsel in Kontakt zu sein, obwohl meine Volontärszeit mittlerweile lange zurückliegt. Da dies meine erste und bis heute längste Reise nach Übersee war, ist sie noch sehr präsent in meinem Gedächtnis. Mein Lebensstil nach meiner Rückkehr nach Europa hat sich geändert. Anstatt wie geplant Musik und Sprachen zu studieren, schloss ich eine Krankenschwesternausbildung ab. Meine Suche nach einem Leben mit mehr Sinn in unserer westeuropäischen Gesellschaft führte mich zur Gemeinschaft von St. Egidio, wo ich seit 1996 aktiv mitarbeite."

„Der uneitelste Mensch, den ich kenne"
von Ulrike Zangirolami

Ulrike Zangirolami war lange Jahre Sprecherin des Deutschen-Aussätzigen-Hilfswerks in Würzburg, das Ruth Pfau seit Jahrzehnten in ihrer Lepraarbeit und seit einiger Zeit auch in der Tuberkulosehilfe unterstützt. Seit vielen Jahren ist sie mit Ruth Pfau befreundet. Sie berichtet:

„Im Vorfeld einer Großveranstaltung des Katholischen Frauenbundes der Erzdiözese Bamberg hatte ich einige Vortragstermine eingeplant: Am Vormittag gab es einen gemeinsamen Empfang des Oberbürgermeister und des Stadtrats in der „Guten Stube" in Bamberg, abends sind Ruth und ich dann gemütlich zum Bahnhof gegangen, um mit der Bahn nach Nürnberg zu fahren.

Am Bahnhof lösten wir gemeinsam die Fahrkarten. Wir gingen langsam die Treppen zum Bahnsteig runter, als Ruth plötzlich ins Taumeln geriet, die Treppe herunterstürzte – und unten bewegungslos liegen blieb. Für mich verging eine Ewigkeit. Endlich drehte sie den Kopf. Sie lag mit dem Gesicht auf dem Pflaster und sagte etwas, das ich nicht verstehen konnte. Ich hätte heulen können! Zum Glück kamen sofort ein paar Leute, die uns geholfen haben – und dann kam auch ein Krankenwagen. Fahrt mit Blaulicht ins Klinikum Bamberg. Vorher hatte ich ihre Bücher wieder eingesammelt, die wir eigentlich hatten verkaufen wollen und die nun verstreut auf der Treppe lagen.

Im Klinikum wurde Ruth versorgt, geröntgt und sollte zur Beobachtung dort bleiben. Währenddessen kam der Anruf aus Nürnberg, ich hatte mit den Verantwortlichen dort telefoniert und ihnen die Lage geschildert: Der Saal ist voll und ich möge doch kommen. Ruth entschied die Sache mit den Worten ‚Ulrike geh', ich bin hier erst mal versorgt.'

Also fuhr ich vom Klinikum direkt mit der Bahn nach Nürnberg zum Veranstaltungsort. Dort gab man mir ein Handtuch, und sie sagten, ich solle mich mal im Spiegel anschauen. Tja, da sah ich mich, blutverschmiert von oben bis unten. Jetzt verstand ich auch, warum ich so schlecht sah. Über meine Brille zog sich ein blutiger Schleier. Ich wusch mich, säuberte meine Kleidung so gut es ging und ging in den Saal. Dort zeigte eine Kiefernorthopädin Dias, die sie kurz vorher bei Ruth in Karachi gemacht hatte. Wir hielten dann gemeinsam den Vortrag. Ich habe keine Ahnung, was ich gesagt habe, aber viele Jahre danach bekam ich noch Rückmeldung von diesem Abend, es war natürlich sehr ‚dramatisch und authentisch'! Auf jeden Fall gingen die ramponierten Bücher weg wie ‚warme Semmeln'.

Nachts fuhr ich noch mal im Klinikum vorbei. Ruth war in einer Art Abstellkammer untergebracht worden, wahrscheinlich weil die Krankenhausleitung nicht wusste, ob sie an ihr Geld kommen würde. Die Vorsitzende des Frauenbundes kümmerte sich aber sofort am nächsten Tag darum und ließ ihre Kontakte spielen – und noch am gleichen Tag lag Ruth dann in einem großen Zimmer mit Panoramablick. Als der Bamberger Oberbürgermeister sie im Krankenhaus besuchte, lag sie schon im neuen Zimmer. Und für den Kunigunden-Tag, das Hauptfest der Diözese, ließen sich die Verantwortlichen etwas Tolles einfallen: eine direkte Schaltung vom Krankenhaus zum Veranstaltungsort mit direkter Telefonleitung! So konnte der Erzbischof mit Ruth telefonieren und alle Teilnehmer konnten das Telefongespräch mithören. Später sagte Ruth: ‚Ulrike, das war der tollste PR-Gag, der uns einfallen konnte.' Das hatte ihr sichtlich Spaß gemacht.

Weniger Spaß hatte sie mit dem Kruzifix über dem Bett. Das mag sie gar nicht. Es war mir manchmal direkt peinlich, wenn sie das Kruzifix überm Bett abnahm und in den Schrank legte. Ruth ist ein sehr fordernder Mensch, der sich selber nicht schont, aber auch nicht sein Umfeld. Wenn ich eine Tour für sie plane, versuche ich immer, Puffer einzubauen. Aber sie füllt sie immer mit schöner Regelmäßigkeit aus – und ich habe dann den Ärger mit ihr, weil sie mir hinterher bisweilen vorwirft, ich würde sie ‚verheizen' usw.

Einmal rief sie mich von unterwegs an: ‚Ulrike, ich möchte gerne Frau Herzog treffen!' Nichts einfacher als das – Frau Herzog war ja nur die Frau des Bundespräsidenten. Aber Sie wissen es ja wohl bereits: Geht nicht geht nicht bei Ruth. Es gab dann eine Einladung zu einem Arbeitsessen im Schloss Bellevue mit Presseleuten am 14. März 1996. Das war nach ‚dem Sturz von Bamberg', Ruth war noch ziemlich lädiert. Wir hatten natürlich alle anderen Termine nach dem Unfall abgesagt, aber den Termin in Schloss Bellevue mit Frau Herzog wollte ich nicht ausfallen lassen. Da habe ich dann ein Machtwort gesprochen: ‚Da gehst du hin!'

Es war ein tolles Treffen. Frau Herzog hatte Ruth auch in Karachi besucht und ihr hinterher tief beeindruckt geschrieben: ‚Selten habe ich so gelebte Nächstenliebe gesehen, wie in Ihrem Krankenhaus. Mit großer Bewunderung für Frau Dr. Pfau habe ich das Leprakrankenhaus in Karachi besucht. Sie kommt wirklich einer modernen Heiligen gleich.' Im gleichen Brief führte sie aus: ‚Interessant war für mich, dass die Frau des pakistanischen Wirtschaftsministers, die mit ihrer Familie in Karachi lebt, von dem Krankenhaus und den Problemen der Krankheit in ihrem Land nichts wusste.'

Ich beobachtete immer wieder, wie Ruth bei Veranstaltungen die Gabe hat, die Menschen in ihren Bann zu ziehen, und, auch wenn sie noch so müde ist, beim Signieren ihrer Bücher jeden Einzelnen direkt anschaut und ihm das Gefühl gibt, in diesem Augenblick gibt es nur sie und diesen Menschen.

Amüsant war auch immer die Kleiderfrage. Sie ist der uneitelste Mensch, den ich kenne. Die Zusammenstellungen waren schon manchmal abenteuerlich. Erst als ich sie bat, doch die traditionellen pakistanischen Gewänder zu tragen, waren wir beide glücklich. Sie fühlte sich darin wohl, wusste, die Kameras konnten auf sie gerichtet werden, ohne dass sie zu komisch aussah. Wir wurden auch in dieser Hinsicht ein wunderbares Team.

Jede von uns beiden weiß, was sie von der anderen verlangen kann und wie weit sie gehen kann. Wir können uns absolut gegenseitig vertrauen und aufeinander verlassen. Obwohl sie wirklich schon ganz schön anstrengend sein kann, genieße ich die Zeit mit ihr jedes Mal in vollen Zügen. Sie hat mein Leben sehr bereichert und ich bin meinem Schicksal dankbar, dass sich unsere Wege gekreuzt haben.

Genial ist auch ihre Art Koffer zu packen, das kann sie absolut nicht. Sie reist am liebsten mit unzähligen Tragetaschen – aber einen Koffer packen, nein, unmöglich! Wie oft habe ich ihr dabei geholfen, mein Büro war ja auch immer Sammelstelle und Hauptquartier, wenn sie in Deutschland war, und so sah es dann auch aus. Pakete, Koffer, Tragetaschen – alles bunt gewürfelt. Am Ende einer jeden Tour haben wir dann versucht, das alles zu ordnen, das war wirklich ‚action!!'

Sie sagt immer, was sie denkt. Das hat zu manchen lustigen Situationen geführt. Als sie vor Jahren den Damian-Dutton-Award in Würzburg erhielt, die weltweit höchste Auszeichnung im Bereich der Leprahilfe, war extra ein Mitglied dieser Jury aus Amerika gekommen, hielt die Laudatio, überreichte den Award – nur um dann von Ruth zu hören: ‚Oh, das ist wunderbar, die Medaille kann ich einschmelzen lassen in Karachi, und dann können wir Eheringe daraus machen lassen.' Uns fiel der Unterkiefer herunter!

Bisweilen sagt sie bei Veranstaltungen auch offen: ‚Ich weiß eigentlich gar nicht, was ich hier soll!' Ich erinnere mich in diesem Zusammenhang an einen Auftritt in Alfred Bioleks Sendung „Boulevard Bio". Der Auftritt schien uns eigentlich gut vorbereitet zu sein. Eine Redakteurin der Sendung war in Karachi gewesen und hatte Ruth dort getroffen, die extra aus Islamabad gekommen war. Ruth kümmerte sich um diese Mitarbeiterin aus Deutschland und ließ sie alles filmen.

Aber als wir dann in der Show saßen, wurden als Vorspann Ausschnitte aus der „Peep"-Show von Verona Feldbusch gezeigt. Da zog Ruth an meinem Kleid und sagte: ‚Was soll ich hier?' Mir wurde auch ganz flau, aber ich konnte sie dann doch überreden zu bleiben. So ganz glücklich lief dieser Abend nicht, obwohl das Gespräch zwischen den drei Frauen, Dr. Pfau, Verona Feldbusch und Ulrike Folkerts interessant war. Ruth fühlte sich nicht wohl – und ich hatte kalte Schweißausbrüche!"

Der Kampf gegen Lepra

Die Krankheit

Lepra ist eine nicht erbliche Infektionskrankheit, die durch Tröpfcheninfusion übertragen wird. Der Erreger, das Mykobakterium leprae, befällt die Haut und die Nerven. Bis heute ist es nicht gelungen, das Bakterium zu züchten, deshalb gibt es auch noch keine Impfstoffe gegen Lepra.

Das Mykobakterium Leprae wurde 1873 von dem norwegischen Arzt Dr. Armauer Hansen entdeckt. Lange Zeit wurden Patienten mit einer Monotherapie behandelt, die jedoch keine Heilung ermöglichte. Seit 1982 werden verschiedene Kombinationstherapien zur Heilung der Leprapatienten eingesetzt. An der medizinischen Entwicklung und Erforschung dieser Therapien war die Deutsche Lepra- und Tuberkulosehilfe in Würzburg maßgeblich beteiligt. Zum ersten Mal war diese Geißel der Menschheit endlich heilbar: Ein „epochales Ereignis" nannte dies Hermann Kober, Mitbegründer und damaliger Präsident der Deutschen Lepra- und Tuberkulosehilfe Würzburg.

Die Beschädigung der Nerven und der Haut kann zu Gefühllosigkeit und zu Lähmungen führen, am stärksten gefährdet sind Hände, Füße und die Augen. Die Schädigung der Augennerven kann zur Blindheit führen. Bei Gefühllosigkeit spürt der Patient keinen Schmerz und die Infektion kann ungehindert fortschreiten bis zum Verlust der Gliedmaßen. Diese Schädigungen führen zu Verkrüppelungen und zu den Bildern, die wir mit Lepra assoziieren.

Soziale Folgen

Besonders schwerwiegend sind die sozialen Probleme, die mit der Krankheit noch immer verbunden sind. Noch heute werden Patienten von ihren Familien verstoßen und von der Gesellschaft ausgeschlossen. Grund ist die tief sitzende Angst vor dieser Geißel der Menschheit. Im Mittelalter wurde auch bei uns diese Krankheit als „Fluch" oder „Strafe Gottes" angesehen und die Menschen von der Gesellschaft ausgeschlossen, oft in Leprosarien, wo sie in Aberkennung ihrer Rechte dahinvegetieren mussten.

Heilungschancen

Lepra ist heute eine heilbare Krankheit. Je nach Schweregrad der Erkrankung kann man in sechs bis zwölf Monaten die Krankheit zum Stillstand bringen. Wann die Bakterien endgültig abgetötet sind, wissen wir noch nicht mit Sicherheit. Die Inkubationszeit beträgt oft mehrere Jahre, manchmal sogar Jahrzehnte, Ruth Pfau spricht von „bis zu 40 Jahren". Deshalb ist die Gefahr nicht gebannt, dass sie auch in „eliminierten Ländern" wieder auftreten kann.

Durchschnittlich werden jedes Jahr noch 700 000 neue Leprafälle weltweit entdeckt. Über 80 Prozent der von Lepra betroffenen Menschen leben entlang des Artmutgürtels in den Ländern Indien, Brasilien, Madagaskar, Mosambik, Myanmar und Nepal. Die WHO verzeichnete für 2001 mit 673 317 neuen Patienten die zweithöchste Zahl der letzten Dekade. Für 2002 sind 620 672 Fälle registriert, wobei viele Länder in dieser vorläufigen Zahl noch nicht enthalten sind. Jeder siebte Patient ist ein Kind. Zwischen zwei bis vier Millionen Menschen sind aufgrund der Lepra behindert.

Der Kampf gegen die Blindheit

Grauer Star

20 Millionen Menschen leiden am Grauem Star und sind blind. Wenn nichts Entscheidendes geschieht, werden es im Jahr 2020 etwa 50 Millionen sein. Am häufigsten tritt der sogenannte Alters-Star auf, doch er kann auch angeboren sein oder durch Verletzungen am Auge entstehen. Daher sind in den Armutsgebieten oft Kinder betroffen.

Mit einer nur 25-minütigen Operation, einem Aufwand von 30 Euro, kann den betroffenen Menschen geholfen werden. Die getrübte Linse wird durch eine künstliche ersetzt und so das Augenlicht gerettet.

Trachom

Sechs Millionen Menschen sind am Trachom erblindet, 146 Millionen sind mit dem Erreger infiziert. Die Krankheit wird durch direkten Kontakt mit infiziertem Augensekret oder durch Insekten übertragen und verursacht eine akute Entzündung auf der Bindehaut. Lid und Bindehaut schwellen an, vernarben und das Lid dreht sich nach innen. Die Wimpern zerkratzen die Hornhaut. Unbehandelt führt dies zu unheilbarer Blindheit.

Mit fünf Euro kann eine betroffene Familie mit Augensalbe behandelt werden. Ist das Lid bereits nach innen gedreht, hilft nur noch eine Lidoperation. Diese kostet lediglich 15 Euro.

Flussblindheit

17 Millionen Menschen sind nach Schätzungen vom Erreger der Onchozerkose infiziert, eine halbe Million bereits erblindet. Der Erreger wird von einer winzigen Stechmücke übertragen, die die Menschen beim Bewässern, Waschen, Fischen etc. sticht. In zahlreichen befallenen Regionen gibt es kaum Menschen über 50, die nicht bereits aufgrund von Flussblindheit ihr Augenlicht verloren haben.
 Eine entsprechende Dosis des Medikaments Mectizan verhindert den Ausbruch der Krankheit. Die Verteilung kostet 1 Euro.

Vitamin-A-Mangel

Jedes Jahr erblinden 350 000 bis 500 000 Kinder, da sie zu wenig Vitamin A zu sich nehmen. Mehr als eineinhalb Millionen Kinder sind bereits blind. Diese Blindheit ist nicht heilbar.
 Mit der Einnahme einer Vitamin-A-Kapsel ist ein Kind ein halbes Jahr vor dem Erblinden geschützt. Die Verteilung kostet 1 Euro pro Kind und Jahr.

Biographie

1929 Ruth Pfau wird als vierte von fünf Töchtern in Leipzig geboren
1949 Übersiedlung nach Westdeutschland und Beginn des Medizinstudiums in Mainz, später Wechsel nach Marburg.
1953 Übertritt von der evangelischen zur katholischen Kirche
1956 Medizinisches Staatsexamen
1957 Eintritt in den Orden der „Töchter vom Herzen Mariä"
1958 Internistische Fachausbildung in Köln
1959 Gynäkologische und Geburtshilfliche Weiterbildung in Bonn
1960 Ausreise nach Karachi
1962 Umzug ins Marie-Adelaide-Leprosy-Center-Krankenhaus (MALC) / Karachi: Beginn der offiziellen Lehrgänge für Leprahelfer
1969 Bundesverdienstkreuz
1969 Pakistanischer Orden: Sitara-i-Quaid-i-Azam
1978 Großes Bundesverdienstkreuz, zugleich Verleihung des höchsten pakistanischen Zivilordens
1979 Ernennung zur nationalen Beraterin im Rang einer Staatssekretärin für das Lepra- und Tuberkulose-Kontrollprogramm für die pakistanische Regierung
1981 Erste Einreise nach Afghanistan zum Aufbau eines Gesundheitsdienstes
1985 25-jähriges Arbeitsjubiläum, großes Bundesverdienstkreuz mit Stern

1988	Ernennung zur Ehrenbürgerin Pakistans
1991	Verleihung des „Damian-Dutton-Award", der höchsten Auszeichnung für das Engagement in der Lepraarbeit
1995	Hoher Staatsbesuch in Karachi: Christiane Herzog, die Frau des ehemaligen Bundespräsidenten, zeigt sich bei ihrem Besuch im Marie-Adelaide-Hospital tief beeindruckt vom Lebenswerk Ruth Pfaus
1996	Ein Meilenstein in der Geschichte der Leprabekämpfung: Die Zahl der Neuerkrankungen befindet sich auf einem historischen Tiefstand, erstmals ist die Lepra in Pakistan unter Kontrolle (sagt die WHO, sehr zum Unmut von Ruth Pfau)
1996	Gründung der Ruth-Pfau-Stiftung durch das Deutsche-Aussätzigen-Hilfswerk (DAHW). Ziel: langfristige Sicherung der Arbeit von Ruth Pfau
1999	feierte Frau Dr. Pfau ihren 70. Geburtstag und ist immer noch aktiv in den Projekten
2001	In 40 Jahren förderte das Deutsche-Aussätzigen-Hilfswerk (DAHW) die Hilfsprogramme mit rund 23 Millionen Euro
2002	Ruth Pfau kommt nach 1993 und 2000 zu ihrer dritten Vortragsreise unter dem Titel „Aus Liebe zu den Menschen" nach Deutschland
2002	Verleihung des „asiatischen Nobelpreises", des „Ramon-Magsaysay-Award", Philippinen
2003	Erste Trägerin des mit 50 000 Euro dotierten ITZEL-Preises. Das Bekämpfungs-Programm Blindheit-Lepra-Tuberkulose wird in ganz Pakistan anerkannt. Ruth Pfaus autobiographisches Buch „Das Herz hat seine Gründe. Mein Leben" erscheint in mehreren Auflagen
2004	Verleihung der Goldmedaille des Albert-Schweitzer-Preises 2004 der in Basel ansässigen Albert-Schweitzer-Stiftung